LA FAMILIA MAFIOSA GENOVESE

La Historia Completa de la Organización Criminal de Nueva York

BIBLIOTECA DE LA MAFIA

© Copyright 2022 Biblioteca de la Mafia - Todos los derechos reservados.

El contenido de este libro no puede ser reproducido, duplicado o transmitido sin el permiso directo por escrito del autor o del editor.

Bajo ninguna circunstancia se podrá culpar o responsabilizar legalmente a la editorial, o al autor, por cualquier daño, reparación o pérdida monetaria debida a la información contenida en este libro, ya sea directa o indirectamente.

Aviso legal:

Este libro está protegido por derechos de autor. Es sólo para uso personal. Tú no puedes modificar, distribuir, vender, utilizar, citar o parafrasear ninguna parte o el contenido de este libro sin el consentimiento del autor o del editor.

Aviso de exención de responsabilidad:

Tenga en cuenta que la información contenida en este documento es sólo para fines educativos y de entretenimiento. Se ha hecho todo lo posible por presentar una información exacta, actualizada, fiable y completa. No se declaran ni se implican garantías de ningún tipo. Los lectores reconocen que el autor no se dedica a prestar asesoramiento jurídico, financiero, médico o profesional. El contenido de este libro procede de diversas fuentes. Por favor, consulte a un profesional licenciado antes de intentar cualquier técnica descrita en este libro.

Al leer este documento, el lector acepta que, bajo ninguna circunstancia, el autor es responsable de cualquier pérdida, directa o indirecta, en la que se incurra como resultado del uso de la información contenida en este documento, incluyendo, pero no limitado a, errores, omisiones o inexactitudes.

TABLA DE CONTENIDOS

Introducción 1

Capítulo 1 : *La Cosa Nostra* 7
    Raíces Sicilianas 8
    Omerta 11
    El Trabajo Y La Mafia 14
    Jerarquía 16

Capítulo 2 : Los Primeros Años 19
    La Mafia De La Calle 107 19
    Alianza Y Arresto 21
    La Guerra Mafia-Camorra 23
    La Prohibición Y La Guerra Castellammarese 29

Capítulo 3 : La Era De Luciano 37
    Las Cinco Familias 37
    La Comisión 43
    Se Acaba La Suerte 50

Capítulo 4 : Don Vito 59
    El Don Napolitano 59
    Exilio 68
    Regreso A Nueva York 77
    Finalmente Atrapado 87

Capítulo 5 : El Camino Hacia La Ley Rico 91

    Las Audiencias Valachi Y El Fin De La *Omerta*........................ 92

    Los Cruzados.. 93

    La Era De Los "Jefes De Fachada" 96

    La Ley Rico 97

Capítulo 6 : Vincent "El Mentón" Gigante Y La Década De 1980 101

    Expansión 101

    Vincent "El Mentón" Gigante... 103

    Rudy Giuliani Y Los Juicios Contra La Mafia 106

    La Caída De Gigante 109

Capítulo 7 : La Mafia En El Nuevo Milenio 113

    El Mentón En Prisión 113

    La Represión Final 116

    La Familia Genovese Hoy En Día 120

Conclusión 125

Referencias 129

INTRODUCCIÓN

En 1972, el estreno de la película de Francis Ford Coppola *El Padrino* devolvió a la conciencia colectiva estadounidense el concepto de mafia. *El Padrino*, un retrato romántico pero brutal de esta subcultura criminal italoamericana, es de hecho lo que la mayoría de la gente piensa cuando oye la palabra "Mafia". Desde su estreno, un flujo constante de medios de comunicación basados en la Mafia ha cosechado un éxito continuo y fiable, lo que demuestra el impacto que el concepto de la Mafia estadounidense ha tenido en la cultura estadounidense en general. De *Buenos Muchachos* a *Los Soprano*, de *Donnie Brasco* a *Casino*, de *Los Intocables* a *El Irlandés*, la vida de la Mafia parece ser una de las recetas más seguras para el éxito en el cine. En pocas palabras, millones de personas en todo el mundo sienten fascinación por el crimen organizado de tipo mafioso.

Es cierto que lo que la mayoría de la gente conoce de la Mafia es lo que se transmite en la pantalla, en dramatizaciones de historias que pueden variar desde adaptaciones fieles a obras completas de ficción. Pero, ¿qué es la Mafia fuera de la pantalla? ¿Qué ha hecho para suscitar tanta atención e interés internacional? ¿Cómo llegó a ser la Mafia tan inmensamente poderosa como para provocar un esfuerzo concertado por parte de las fuerzas del orden para erradicar por completo la subcultura italoamericana? Y lo que es más importante, ¿cómo funcionaba realmente la Mafia? Quizá la mejor forma de responder a estas preguntas y de examinar la que posiblemente sea la más influyente de las culturas delictivas estadounidenses sea examinar la que posiblemente sea la más influyente de las organizaciones que la componen—la Familia Genovese.

La Familia Genovese, que debe su nombre al famoso gánster napolitano Vito Genovese, es una de las familias mafiosas más antiguas de Estados Unidos. Sus raíces se remontan a uno de los primeros mafiosos conocidos que emigraron del viejo continente: El mafioso siciliano Giuseppe "La Mano de Arpón" Morello. Desde sus humildes orígenes como mafia de poca monta de la calle 107 en East Harlem, Morello fue el primero de una serie de legendarios jefes mafiosos que controlaron la Familia Genovese, entre ellos Charles "Lucky" Luciano, Vincent "El Mentón" Gigante y el propio Vito Genovese. Desde la década de 1890, la organización se ha abierto camino hasta la cima del hampa y se ha ganado su reputación como una de las fuerzas más formidables y duraderas del crimen organizado. En la actualidad, la Familia Genovese representa aproximadamente una quinta parte de la presencia mafiosa de Nueva York y es una de las infames "Cinco Familias de Nueva York", siendo las otras las Familias Lucchese, Bonanno, Gambino y Colombo. A pesar de la represión masiva del crimen organizado que se ha llevado a cabo en Estados Unidos en las últimas décadas, la Familia Genovese sigue siendo posiblemente la organización criminal estadounidense más poderosa.

El propio Vito Genovese, homónimo de la organización, contribuyó decisivamente a cimentar el lugar de la Familia en lo más alto de la jerarquía criminal. Nacido al norte de la ciudad meridional italiana de Nápoles, Vito emigró con su familia a Estados Unidos cuando sólo tenía 15 años y se estableció en la comunidad italiana llamada Pequeña Italia, en Nueva York. Comenzó su carrera como delincuente y ladrón de poca monta, y acabó encontrándose en compañía de Lucky Luciano y Frank Costello, dos gánsteres que ocuparán un lugar destacado en la historia de la Familia Genovese. Los tres habían empezado a trabajar para un poderoso capo local, Joe Masseria (que en ese entonces controlaba la organización que un día llevaría el nombre de Vito) y participaron en la famosa y decisiva Guerra Castellammarese, un conflicto que provocaría cambios a largo plazo en el panorama mundial de la Mafia.

Cuando Vito se hizo con el control de la antigua banda de Giuseppe Morello, ya se había consolidado como un líder despiadado que se ganaba el respeto de los que le rodeaban. Pero aparte de esto, Vito también llevó una vida increíblemente interesante. Desde sus comienzos como delincuente local, pasando por su ascenso a segundo al mando del legendario Lucky Luciano, hasta convertirse él mismo en jefe, Vito Genovese demostró ser un criminal increíblemente oportunista, que buscaba obtener ingresos ilícitos en cualquier lugar. Huyendo del país durante la Segunda Guerra Mundial para evitar ser acusado, Vito obtuvo beneficios aliándose con ambos bandos de la guerra, el Eje y, más tarde, los Aliados. Extraditado de nuevo a Estados Unidos, Vito escapó una vez más de las acusaciones y retomó el control de su familia, sólo para seguir los pasos de tantos jefes mafiosos antes y después de él: fue capturado, condenado y enviado a prisión, donde pasaría el resto de sus días. Aunque el hombre ya no existe, la familia moderna sigue llevando su nombre, un testimonio del impacto duradero del legado de Vito Genovese en la subcultura mafiosa italoamericana.

Por lo tanto, la causa para centrarse en la familia Genovese es bastante clara. Sin embargo, la pregunta sigue en pie: ¿Por qué nos parece tan interesante el concepto de la Mafia? Desde luego, el mérito no reside en los logros y las hazañas del propio Vito Genovese ni de su organización. En gran parte, para responder a esta pregunta debemos volver al principio de esta introducción. Mil novecientos setenta y dos *El Padrino* y sus secuelas presentan a un público ávido un relato dramático y muy teatral de la mafia estadounidense. Estas películas llevaron el principio del "código de honor" moral de la Mafia a su extremo romántico y, al hacerlo, presentan una visión tentadora e intrigante del crimen organizado, que es a la vez exacta y ficticia. Aunque el llamado código de honor de la Mafia existió, descubrimos que es muy flexible y que, por lo general, no existe en la práctica—cuando se trata de organizaciones criminales despiadadas, suele haber muy poco espacio para la moralidad y la lealtad, como se verá en capítulos posteriores. Aunque el concepto de lealtad se glorificaba dentro de la cultura mafiosa, las puñaladas por la espalda y la traición se convirtieron en algunos de los principales temas del crimen organizado al estilo de la Mafia. Al margen del cine, lo cierto es que cualquier organización compleja que llegara a ser tan desproporcionadamente poderosa, con su dramático tradicionalismo y su tendencia a los crímenes sensacionales, se convertiría en un tema de interés masivo. Así que ahora debemos preguntarnos: ¿Cómo llegó la Mafia a ocupar este lugar?

El concepto de Mafia es complejo, pero no difícil de entender. Basándose en un estricto código de silencio, la Mafia operó en la clandestinidad durante décadas. En los años que se formaba, las familias llegaron a organizarse bajo jerarquías y rangos claramente definidos, desde el "Jefe de Jefes" hasta los más humildes asociados. Estos asociados, que no eran "hombres hechos" y, por tanto, no estaban protegidos por las estructuras de la Mafia, constituían a menudo el grueso de la mano de obra de una determinada Familia, y a menudo incluían personas que no eran italianos que, según el código, no podían convertirse oficialmente en miembros de una Familia mafiosa. Estas organizaciones se dedicaban a diversos delitos, como la extorsión, el robo, la prostitución, el juego, el tráfico de drogas, la trata de blancas, el contrabando y otros. Al ser oportunistas por naturaleza, las organizaciones mafiosas solían buscar todas las vías de ingresos en los mercados ilícitos. La prohibición, por ejemplo, no hizo sino abrir nuevos mercados para que el crimen organizado fabricara, contrabandeara y vendiera productos que tenían gran demanda. La introducción de casinos legalizados presentaba oportunidades igualmente prometedoras, especialmente para la Familia Genovese. Y aunque algunos eran reacios a la distribución de estupefacientes, la Mafia desempeñó un papel decisivo en el establecimiento del comercio internacional de drogas ilícitas. Estas estructuras de poder, junto con su disposición a incursionar en mercados tabú, garantizaron que el crimen organizado al estilo de la Mafia sería una fuerza persistente en los bajos fondos estadounidenses.

En resumen, vale la pena conocer la historia de la Mafia estadounidense. Con sus raíces en la Sicilia rural, las familias estadounidenses empezaron a menudo como organizaciones dispersas de inmigrantes de determinadas regiones de Italia (la "Mafia" de Sicilia, la "Camorra" de Campania, la "'Ndrangheta" de Calabria, etc.). En el contexto estadounidense, a menudo fue un medio para obtener seguridad económica y social en una época de considerable fanatismo anti-italiano. Con el tiempo, el gobierno de Estados Unidos llegó a monopolizar ciertos mercados ilegales y se hizo lo bastante poderoso como para tener influencia política, por lo que finalmente se propuso eliminar por completo el crimen organizado italoamericano. Mediante una agresiva campaña de espionaje y reclutamiento de testigos, la Mafia estadounidense fue debilitada y convertida en un cascarón de lo que fue. Sin embargo, persiste hasta nuestros días, incluida la más poderosa de sus organizaciones, fundada por Giuseppe Morello antes de los albores del siglo XX. Este libro detallará el ascenso de la Familia Genovese, su pico de notoriedad bajo el mandato de Don Vito y su periplo por los márgenes de la vida estadounidense.

CAPÍTULO 1
LA COSA NOSTRA

Antes de comenzar la historia de la Familia Genovese en particular, conviene entender primero el concepto y los orígenes de la Mafia en general. Para ello, debemos remontarnos al siglo XIX más precisamente en el sur de Italia, donde empezaron a tomar forma las primeras organizaciones de sicilianos que acabarían conociéndose como "la Mafia". Originalmente destinadas a cumplir una función social genuina en una época de agitación, estas organizaciones acabarían convirtiéndose en empresas internacionales, completamente irreconocibles a lo que eran inicialmente. Los códigos morales bajo los que la moderna Mafia estadounidense afirma operar proceden de las raíces de la Mafia en el viejo continente, al igual que la estricta jerarquía que se desarrolló para mantener una cadena de mando dentro de sus estructuras. Estos conceptos son clave para comprender el funcionamiento de la Familia Genovese, y en este capítulo se explicarán los fundamentos, orígenes, códigos y estructuras de estas organizaciones.

Raíces Sicilianas

Los orígenes de la Mafia en Sicilia son difíciles de rastrear, ya que se trataba de una organización muy reservada que no se dedicaba a mantener registros de sus actividades. Sin embargo, lo que sabemos sobre los primeros tiempos de la Mafia nos permite hacernos una idea bastante clara del tipo de organización al que nos enfrentamos. Después de que Sicilia pasara a formar parte de Italia en el siglo XIX, la pequeña isla se enfrentó a un periodo de agitación social. La redistribución de la tierra, la eliminación de ciertas costumbres tradicionales y la introducción de estructuras capitalistas alteraron drásticamente el modo de vida en Sicilia. El aumento de la propiedad privada se tradujo inevitablemente en un incremento de la pequeña delincuencia y los robos, lo cual se agravó aún más por la notable ausencia de cuerpos de seguridad oficiales en la isla.

Al darse cuenta de que el nuevo gobierno federal ofrecería poco apoyo para frenar el aumento de la delincuencia contra la propiedad, las élites locales, que ya estaban acostumbradas a depender de la seguridad privada contratada y los guardias, comenzaron a reclutar hombres (muchos de los cuales habían sido delincuentes) para servir como una especie de grupo de "pseudo-vigilantes". Destinados a prevenir y remediar diversos delitos contra la propiedad y disputas, estos grupos, que se encontraban casi exclusivamente en la parte occidental de la isla, con frecuencia han sido calificados de "proto-mafia" por destacados estudiosos de la mafia como Salvatore Lupo. Por lo general, los líderes de estos grupos de vigilancia tenían derecho a extraer cierta parte de los bienes que conseguían recuperar, un precursor obvio de las tácticas de extorsión al estilo mafioso. Así que, irónicamente, es muy probable que la Mafia empezara como sustituto de las fuerzas del orden oficiales. Tras la abolición oficial del sistema feudal de la tierra, estos grupos "proto-mafiosos" pasaron a representar el pasado feudal de Sicilia occidental.

Incluso antes de que la Mafia fuera un fenómeno conocido públicamente, era un hecho comúnmente aceptado que, en Sicilia occidental, tener éxito significaba estar relacionado con criminales: "No había alternativa: Para defenderse a uno mismo y sus bienes, estaba obligado a buscar el patrocinio de los ladrones" (Lupo, 2009). El término "Mafia" cobró importancia por primera vez en torno a 1860 (el término Camorra, utilizado posteriormente para describir a las organizaciones napolitanas del crimen organizado, era bastante más antiguo). La primera vez que se mencionó en un informe policial fue poco después, en referencia a una organización dirigida por Antonino Giammona en la ciudad de Palermo en la década de 1870. Giammona, como la mayoría de los principales mafiosos sicilianos, había participado en política. Esta es otra tradición que se ha trasladado a la encarnación estadounidense de la Mafia, es decir, señores del crimen que buscan y mantienen conexiones en los ámbitos político e ilícito. Después de 1860, el gobierno federal italiano utilizó ampliamente a los miembros de la Mafia en su estricto y autoritario gobierno de la isla.

Es objeto de debate si la Mafia estadounidense debe considerarse una extensión de estas organizaciones sicilianas o si debe considerarse una entidad totalmente independiente. Dado que gran parte de la inmigración de Italia a Estados Unidos y Canadá procedía de la parte occidental de Sicilia, que en ese momento era azotada por el crimen, y teniendo en cuenta el alto grado de tradicionalismo, hay razones para creer que la Mafia estadounidense, al menos, se considera a sí misma como una prolongación de sus antepasados sicilianos. Aunque muchos de los primeros mafiosos emigraron a Norteamérica antes de principios del siglo XX, uno de los mayores periodos de inmigración se produjo durante la década de 1920. Esta época coincidió con el auge del fascismo en Italia y, entre mediados y finales de los años veinte, se produjo una represión masiva de la actividad mafiosa en la isla bajo el mandato del prefecto dictatorial fascista Cesare Mori. El primer (y seguramente no último) intento a gran escala de erradicar la Mafia tuvo lugar en este periodo, y expulsó a cientos de mafiosos conocidos de su país de origen. Muchos tenían como destino la ciudad de Nueva York.

Sin embargo, Giuseppe Morello, con quien comienza la historia de la Familia Genovese, se encontró en Nueva York décadas antes. A principios de la década de 1890, Morello había emigrado de su ciudad natal, Corleone, en Sicilia (curiosamente, el mismo lugar de nacimiento del icónico Don Vito Corleone de *El Padrino*, antes Andolini), probablemente para escapar de la persecución por sus actividades mafiosas en el pasado. Morello, que ya era un avezado delincuente, es posiblemente el primer mafioso siciliano conocido que traslada su pasado de forajido para "establecerse" en Nueva York. Tras sentar las bases de la Familia Genovese, ser encarcelado y verse obligado a exiliarse, Morello siguió siendo un delincuente de toda la vida hasta que su pasado acabó por atraparle. El legendario gánster siciliano fue abatido a tiros en 1930.

Omerta

Los orígenes del término *omerta*, también conocido como el "código de silencio" de la Mafia, no están del todo claros. Sin embargo, hay pistas que se pueden encontrar en cómo se utiliza el término. En general, *omerta* puede referirse a la propia Mafia, a un código de moral tradicionalista por el que los mafiosos a veces dicen guiarse, o simplemente al acto de no divulgar la existencia de la Mafia y sus estructuras. Una teoría afirma que la palabra deriva del italiano "uomo", que significa "hombre". Podemos suponer, entonces, que *omerta* se refiere a ser un hombre, a poseer cualidades de hombría o *machismo*, o a formar parte de una hermandad de hombres. También puede referirse a un hombre que maneja sus propios problemas, uno que ajusta cuentas en sus propios términos, sin apelar a una autoridad superior, de nivel estatal, como el gobierno o la policía. Esto tiene su mérito, ya que está directamente relacionado con el concepto de *omerta* tal y como lo conocemos—el desdén por las fuerzas del orden y el deseo de mantener todos los asuntos relacionados con la Mafia "en familia". Según la *omerta*, las actividades, los éxitos y los problemas de la Mafia no son asunto de nadie más que de la Mafia. Esto incluye al Estado.

Otra teoría sugiere que *omerta* deriva principalmente de la palabra italiana "humildad". Esto también tiene bastante sentido. *Umilta*, cuando se habla con un dialecto siciliano que a menudo sustituye los sonidos de la "l" por los de la "r", suena terriblemente parecido a *omerta*. Las personas con *umilta* mostraban respeto y reverencia por el grupo al que pertenecían, comprendiendo que podía ser necesario cierto grado de abnegación para la mejora del clan más amplio. No actúan de forma que perjudiquen al grupo o a sus compañeros, lo que requiere una desconfianza general hacia los extraños.

Esta definición encaja perfectamente con el principio básico de la Mafia: silencio absoluto hacia todos los que no están dentro de *La Cosa Nostra* (literalmente, "lo nuestro" o "lo de los nuestros"). Esta omerta o umilta es la principal razón de la dificultad de estudiar a la Mafia, y ha sido una espina clavada en el costado de los historiadores (y de las fuerzas del orden) durante décadas, ya que quebrantar la *omerta* se consideraba un delito grave. Incluso después de que las audiencias Valachi de 1963 expusieran públicamente a la Mafia, muchos mafiosos tradicionalistas se mantuvieron fieles a su código de silencio. En 1985, cuando Gaetano Badalamenti, un gánster de alto rango, se enfrentaba a un juicio y a la cárcel en el marco de la famosa red de narcotráfico "Pizza Connection", se negó a revelar detalles delicados, incluso a su propio abogado: "Nunca he traicionado ni traicionaré mis secretos" (Lupo, 2015).

Sin embargo, incluso algunos de los mafiosos más respetados y de mayor rango habían roto la *omerta*. Joseph Bonanno, jefe de la familia que aún hoy lleva su nombre, había sido desenmascarado por cooperar con las fuerzas del orden en Italia en la década de 1930. Tanto Vito Genovese como Lucky Luciano habían sido reclutados por agentes del gobierno. Y, desde el explosivo testimonio en 1963 del humilde soldado Genovese Joe Valachi, la Mafia ha visto un flujo constante de mafiosos convertidos en testigos. La cuestión es que, incluso en una cultura tan tradicionalista y conservadora como lo es la de la Mafia, ningún código de honor es inquebrantable cuando el propio interés es demasiado grande. El hecho es que la *omerta* representaba más una versión utópica e idealizada de lo que debía ser un mafioso, un parangón al que aspirar, que una representación realista del comportamiento y la cultura mafiosos cotidianos.

Junto con el código de silencio, la *omerta* también puede referirse a la historia de tradición y simbolismo de la Mafia. Las supuestas antiguas formas de comunicación y representación sicilianas se trasladaron a la Mafia estadounidense, lo que dio lugar a un entorno en el que ciertos símbolos adquirieron un significado especial para los mafiosos. Algunos de los mejores ejemplos proceden de los medios de comunicación populares, pero suelen basarse en hechos reales. Por ejemplo, el "mensaje siciliano" de *El Padrino*, consistente en un pez muerto envuelto en una prenda de ropa, quería significar que el dueño de esa prenda está ahora "durmiendo con los peces". En *Los Soprano*, cuando el capo Jimmy Altieri fue asesinado por espiar para el gobierno, su cuerpo fue encontrado con una rata metida en la boca, para enviar un mensaje claro a todos los posibles informantes del gobierno. En la cultura popular abundan las referencias al simbolismo mafioso, pero los casos reales de este tipo de mensajes suelen ser aún más inquietantes. En 1982, cuando el gánster Antonino Inzerillo apareció asesinado, llevaba un billete de 5 dólares en la boca y otros dos en los genitales. Marcadores como éstos funcionaban como mensajes para otros posibles infractores y como forma de comunicar el motivo del asesinato. En este caso, estaba claro que Inzerillo era un soplón demasiado codicioso para su propio bien.

El Trabajo y la Mafia

Comprender la dinámica del trabajo y el sindicalismo es clave para entender cómo operan las organizaciones mafiosas. En este contexto, el trabajo se considera una mercancía de la que se pueden extraer beneficios. Es algo que puede manipularse, y los sindicatos demostraron ser una herramienta eficaz con la que los funcionarios corruptos asociados a la Mafia podían aprovechar el poder laboral en su beneficio. Se sabe que los grupos mafiosos han utilizado a los sindicatos desde ambos lados: organizando huelgas y paros en algunos casos y orquestando violentos movimientos para romper huelgas en otros casos. De hecho, el sindicalismo ha sido históricamente uno de los pilares más fuertes de los ingresos de la Mafia.

Al parecer, las organizaciones mafiosas han estado implicadas en algún grado de control laboral desde el principio. En las regiones de Sicilia controladas por la Mafia durante sus años de formación, la exportación más valiosa que se podía encontrar era el azufre, que se extraía de diversas operaciones mineras. Estas explotaciones mineras se entrelazaron cada vez más con las estructuras mafiosas a lo largo del siglo XIX, cuando el comercio de azufre estaba en auge y Sicilia controlaba una gran parte del mercado. Esto es lo que Lupo denomina la tendencia de la Mafia hacia el "asociacionismo popular" (2009), que se refiere al deseo general de las organizaciones mafiosas de enredarse con las instituciones públicas y privadas existentes. Este fenómeno estaba presente incluso antes de que el sindicalismo se convirtiera en un sector lucrativo para el crimen organizado.

Un ejemplo destacado es Don Giuseppe Lumia, que poseía y explotaba una mina de azufre en Caltanissetta. Lumia, que dirigía su mina de un modo que refleja la forma que acabarían adoptando las estructuras mafiosas, fue asesinado por unos trabajadores descontentos por una disputa salarial. Este tipo de disputas serían habituales en la era del sindicalismo mafioso. En un movimiento que presagia el uso del simbolismo por parte de la Mafia, los asesinos de Lumia dejaron un mensaje en su cuerpo indicando que su avaricia era la causa de su muerte. En otro caso, la mano de obra de una mina de azufre de Favara estaba dominada por miembros de una Fratellanza (hermandad), que acabó siendo investigada y calificada como familia mafiosa a mediados de la década de 1880.

Cuando las estructuras mafiosas se trasladaron del viejo mundo a Estados Unidos, muchas de sus prácticas llegaron con ellas, incluido el control laboral. A partir de la década de 1930, durante el movimiento obrero estadounidense, el chantaje laboral y sindical se había convertido en una de las fuentes de ingresos más fiables para las organizaciones mafiosas. La extorsión tanto a empresas como a trabajadores era habitual, y estas prácticas prosperaron durante décadas antes de que se les prestara la debida atención. Aunque Robert Kennedy había hecho del chantaje laboral una prioridad desde 1961, cuando se convirtió en fiscal general, no se hizo ningún esfuerzo nacional concertado hasta el asesinato del infame líder sindical Jimmy Hoffa en 1975. Hoffa volverá a aparecer más adelante en esta historia, pero ahora es importante entender su conexión con el sindicato Teamsters (Hermandad Internacional de Camioneros), famoso ahora por su historia de corrupción mafiosa. Viendo la implicación de la Mafia en los sindicatos como algo que extorsionaba y robaba a los trabajadores, y como algo que amenazaba a la propia sociedad, Estados Unidos emprendió la reforma de la práctica del sindicalismo.

El chantaje laboral es quizá una de las actividades mafiosas más cínicas de su historia. Algo que originalmente estaba destinado a empoderar a los trabajadores y mejorar la vida de los más vulnerables de la sociedad fue tomado, secuestrado y devorado de forma oportunista por la mafia estadounidense. El grado de implicación de la Mafia en el sindicalismo hasta la década de 1980 fue intenso y, a día de hoy, ningún otro país ha tenido un sistema sindical tan corrupto como el de Estados Unidos.

Jerarquía

Las familias de la Mafia suelen operar bajo una estricta jerarquía de rangos. Como sugiere el nombre *La Cosa Nostra* ("lo nuestro"), la Mafia es intrínsecamente exclusiva. Estar dentro de ella conlleva muchas ventajas y prestigio. Estar fuera significa, en general, mantenerse al margen y ser visto con mucha más desconfianza de la que un miembro expresaría normalmente hacia otro. A las personas que participan en una Familia pero que no son Hombres hechos se les suele llamar "asociados". Estos asociados suelen realizar trabajos sucios y, generalmente se organizan como grupos o "cuadrillas" bajo el mando de un Hombre Hecho de mayor rango.

Por regla general, los rangos de la Mafia consisten en lo siguiente: En la cúspide, el jefe indiscutible de la organización es el jefe o don. Por lo general, se trata de los mafiosos que la gente conoce mejor— Lucky Luciano, Joe Bonanno, Vito Genovese, Al Capone, etc. En algunos casos, las familias mafiosas forman comités o juntas para gobernar la familia cuando el jefe está encarcelado o no está disponible. También eran habituales los jefes en funciones, que sustituían oficialmente a un jefe. Como se verá en capítulos posteriores, también había una serie de los llamados "jefes de fachada", que estaban destinados a ser vistos por las fuerzas de seguridad como el jefe "oficial", mientras que el verdadero jefe de la Familia operaba en secreto. No hace falta decir tiene que ser el jefe conlleva unas ventajas inigualables, pero también te convierte en un objetivo enorme, tanto para las fuerzas del orden como para otros mafiosos que están sedientos de poder y que son capaces de dar puñaladas por la espalda.

Por debajo del jefe está el *sottocapo*, o *subjefe*. Por lo general, sólo había un subjefe a la vez, que era el segundo al mando del jefe y gobernaba a los capos. Normalmente, los jefes de la Mafia eran subjefes que ocupaban el puesto después de que el jefe anterior fuera arrestado, se retirara o fuera asesinado (a veces por el propio subjefe). Sin embargo, en algunos casos, los jefes que quedaban incapacitados eran sustituidos por el asesor. Un consigliere era un cargo especial dentro de las Familias Mafiosas, normalmente ocupado por figuras de alto rango de la Familia y, por lo general, eran el aliado de mayor confianza del jefe. Servían como asesores y consejeros especiales del jefe, y a menudo les representaban en reuniones de alto nivel a las que el jefe no podía asistir. Mientras que incluso los subjefes eran vistos a veces con desconfianza por los jefes paranoicos, los consiglieres eran aquellos que se habían ganado la total confianza del jefe. Una vez más, fue *El Padrino* la película que introdujo el término "*consigliere*" en la conciencia pública con el legendario personaje mafioso de Tom Hagen, el asesor de mayor confianza de Don Corleone.

Por debajo del subjefe están los *caporegimes*, o capos, y los soldados. Los *Capos* funcionan de forma similar a los oficiales militares, al mando de una cuadrilla de soldados. Estos *capos* cumplen la función de mandos intermedios dentro de las estructuras mafiosas. Los soldados son el nivel más bajo del tótem "Made" de la Mafia. Es decir, siguen inspirando respeto por ser un "Made Man" "Hombre Hecho", pero están subordinados a los *capos*, al subjefe y, por supuesto, al Jefe. Del mismo modo que los capos dirigen un equipo formado por soldados, los soldados suelen dirigir equipos formados por socios de la familia que no son Made. Aunque los asociados no están protegidos por las normas de la Mafia, ser miembro de la cuadrilla de un soldado respetado aportaba muchos beneficios. Los individuos de cada posición dirigían sus propias empresas criminales o participaban en otras más grandes organizadas por miembros de mayor nivel. Por regla general, cada cargo entregaba una parte de sus ganancias a su superior. Los asociados entregaban sus ganancias a su soldado al mando, los soldados a los *capos* y los *capos* al subjefe y estos a su vez al jefe. El jefe recibía una parte de todos los ingresos obtenidos dentro de la Familia. Retener ganancias se consideraba un delito grave.

Hay un cargo más que debe ser discutido, ya que será un tema importante en la historia. El "Jefe de Jefes" era en gran medida un cargo no oficial, pero en ciertos momentos de la historia de la Mafia, los jefes de ciertas Familias se declaraban a sí mismos jefes de todas las actividades de la Mafia. Esto suele ocurrir cuando un jefe cree que su Familia es lo suficientemente poderosa como para imponer el respeto de *todos los demás* jefes de la Mafia y sus cuadrillas. Dos de estos individuos fueron Sal Maranzano y el propio Vito Genovese. Como se verá, esto estaba muy lejos de ser una posición permanente.

CAPÍTULO 2
LOS PRIMEROS AÑOS

La unidad que hoy se conoce como la Familia Genovese ha tenido varias encarnaciones, ha sido conocida por varios nombres diferentes y ha estado dirigida por un variado elenco de personajes interesantes. Este capítulo se centrará en la primera manifestación de la Familia Genovese, su fundador y las primeras décadas de la incipiente organización criminal mafiosa.

La Mafia de la Calle 107

Nacido en 1867 cerca de la ciudad de Palermo, Giuseppe Morello estuvo vinculado a la Mafia siciliana desde muy joven, cuando su madre viuda se casó con un conocido mafioso de Corleone. Del matrimonio de su madre y su nuevo padre nacerían varios hermanastros de Morello, tres de los cuales (Vincenzo, Ciro y Nicolo) se involucrarían en las primeras actividades delictivas de Morello. Convertido en un auténtico mafioso siciliano antes de poner un pie en Estados Unidos, Morello se enfrentó a una crisis a principios de la década de 1890. Estaba siendo investigado y era probable que fuera condenado por dos delitos en los que estaba implicado: Asesinato y producción de moneda falsa.

Morello se había convertido en uno de los hombres de confianza de Paolino Streva, un capitán de la mafia de Corleone. Poco después de enterarse de que las fuerzas del orden sicilianas estaban investigando a Streva, el principal investigador, Giovanni Vella, fue asesinado a tiros. Después de que un testigo declarara haber visto a Morello en la escena del crimen, este testigo también apareció asesinado poco después. Con todos los dedos apuntando claramente a Morello, ahora éste temía ser procesado. En algún momento entre 1892 y 1894, Morello decidió emigrar de Sicilia a Estados Unidos para evitar ser condenado. Es probable que sus conexiones familiares con la Mafia en Corleone le ayudaran a coordinar su huida. A pesar de su escape del país, Morello fue condenado oficialmente en Sicilia.

Al llegar a Estados Unidos, junto con gran parte de su familia, Morello recorrió el país en busca de trabajo. Tras una racha de mala suerte en Luisiana y Texas, que incluyó oportunidades de trabajo fallidas y problemas de salud cuando se contagió de malaria, Morello regresó a Nueva York en algún momento de la segunda mitad de la década de 1890. De vuelta a Nueva York, Morello se involucró en varios proyectos empresariales, los primeros de los cuales fueron en su mayoría fracasos. Cuando consiguió recuperarse, Morello decidió emplear las mismas tácticas comerciales que había aprendido de su época en la mafia siciliana. Formó la Mafia de la Calle 107, con base en los barrios italianos de East Harlem, el Bronx y Manhattan. Esta agrupación fue la primera encarnación de la Familia Genovese, y pasaría a conocerse oficialmente como la Familia Morello.

En los años siguientes, la banda de Morello se involucró en varios negocios, como un pub de Manhattan, barberías y zapaterías. Sin embargo, uno de los apodos conocidos de Morello, "El banquero", sugiere que muy probablemente también se dedicaba a los préstamos abusivos, también conocidos como usura. Además, la familia Morello se dedicó al robo, la extorsión y, por supuesto, la falsificación. Los fondos ilegales obtenidos mediante esta extorsión se blanqueaban a través de los negocios legales propiedad de la familia, estableciendo un sistema de blanqueo de dinero que utilizarían las futuras familias de la Mafia durante el siglo siguiente.

Alianza y Arresto

En 1903, otro de los hermanos de Morello que emigró a Estados Unidos, su hermanastra Salvatrice, se casó con otro influyente jefe de la Mafia en la Pequeña Italia, el barrio italiano de Manhattan. Esto dio lugar a una alianza entre Morello y su nuevo cuñado, Ignazio Lupo. Al igual que Morello, Lupo había huido de Sicilia a Estados Unidos para evitar ser procesado por delitos relacionados con la Mafia. Lupo también llegó a poseer una serie de negocios legítimos, y también se convirtió en uno de los mayores importadores de aceite de oliva y cítricos de su país natal. Da la casualidad de que el comercio de cítricos en Sicilia, junto con la minería de azufre, era uno de los principales pilares de ingresos de la Mafia siciliana, y es muy probable que los exportadores de Lupo del otro lado fueran conexiones mafiosas.

Juntos, Morello y Lupo ampliaron el negocio de falsificaciones junto con sus otras empresas. Habían reclutado a miembros poderosos para la Familia, incluidos nombres tan notables como Joe Masseria y Sal D'Aquila, y se habían hecho tristemente famosos por su tendencia a deshacerse de los cadáveres de sus enemigos asesinados en barriles de madera. La Familia siguió creciendo y, ya en 1905, la Familia Morello se había convertido en el más poderoso e influyente de los grupos del crimen organizado siciliano de Nueva York. Giuseppe Morello se había convertido en el primer jefe de todos los jefes. Sin embargo, antes de llegar a este punto, Morello tuvo un fatídico primer encuentro con un teniente de la policía de Nueva York llamado Joe Petrosino. Junto con su compañero Vito Cascio-Ferro, Morello fue arrestado por Petrosino como sospechoso de dirigir una operación de falsificación. Sin embargo, Morello salió y permaneció en libertad.

Años más tarde, en 1909, Petrosino fue enviado a Sicilia para realizar un trabajo encubierto e investigar la conexión mafiosa entre Palermo, en Sicilia, y Nueva York, en Estados Unidos. Uno de sus principales objetivos era investigar la historia de los inmigrantes sicilianos que se habían establecido en América para descubrir posibles antecedentes penales en su país de origen. Según la legislación estadounidense de la época, los inmigrantes podían ser expulsados del país si se descubría que habían cometido delitos en otra nación. Las fuerzas de seguridad estadounidenses querían descubrir los pasados delictivos de individuos en el país de los que sospechaban que estaban implicados en el crimen organizado. Resulta que Giuseppe Morello era uno de esos individuos.

Quizás el primer error de Petrosino fue tener una desconfianza fundamental hacia las autoridades italianas. El propio Petrosino era un inmigrante italiano, y creyendo que el crimen organizado italoamericano era una mancha en su herencia, se convirtió en una especie de cruzada contra la Mafia. Con una actitud generalmente cínica, Petrosino creía que las autoridades italianas o eran incompetentes o estaban de hecho directamente implicadas en la Mafia siciliana—de lo contrario, ésta no podría haber florecido tanto como lo hizo. Rechazó toda ayuda estatal durante su breve estancia en Sicilia. Su segundo y más grave error fue no asumir que sus planes podían haber sido conocidos por las mismas personas a las que debía investigar. Probablemente temiendo que Petrosino descubriera el comprometedor pasado criminal de Morello, la Familia tomó cartas en el asunto. Antonino Passananti y Carlo Constantino, miembros de la Familia Morello, llegaron a Sicilia, su país natal, casi al mismo tiempo que Petrosino. No fue una coincidencia. Antes de que algo fructífero pudiera salir de la investigación de Petrosino, el teniente de policía de Nueva York fue abatido a tiros en Palermo en marzo de 1909. A pesar de que Morello tenía hombres en Sicilia con Petrosino, se desconoce quiénes fueron sus verdaderos agresores, ya que Petrosino se había ganado muchos enemigos y su llegada fue claramente poco clandestina.

Aunque Petrosino ya no estaba, a Morello le quedaba poco tiempo como el falsificador más poderoso de Nueva York. Tanto él como su socio Lupo fueron arrestados ese mismo año, a finales de 1909. Unos meses más tarde, en 1910, fueron condenados a 25 y 35 años de prisión, respectivamente. Sus primos Fortunato y Tomasso, también conocidos como los hermanos Lomonte, tomarían el control de la familia en 1910 en su ausencia.

La Guerra Mafia-Camorra

Fortunato y Tomasso dirigieron la Familia Morello en East Harlem durante los primeros años de la condena de Morello. Fortunato fue fusilado en 1914 y, al año siguiente, Tomasso también. Nicolo, el hermanastro menor de Morello, tomaría entonces el control de la familia hasta 1916. Nicolo acabaría siendo asesinado durante la Guerra Mafia-Camorra, un sangriento conflicto entre la Familia de Morello y la Camorra, otra organización criminal originaria de la región italiana de Campania.

La Camorra es única entre los grupos delictivos italoamericanos. Mientras que la Mafia siciliana se organizaba bajo una jerarquía de liderazgo muy estratificada y claramente definida, con un jefe singular al que todos los demás respondían, la Camorra tenía una estructura mucho más flexible y descentralizada. En lugar de un único jefe, la Camorra utilizaba una especie de sistema de toma de decisiones basado en comités de clanes. Dado que el poder está distribuido de forma más equitativa en organizaciones como la Camorra, tienden a ser más estables, ya que hay menos incentivos para traicionar y conspirar para alcanzar un rango superior. La desventaja es que, debido a este estilo de organización, suelen ser menos poderosas y, por lo general, incapaces de cometer la mayoría de los delitos de alto nivel que cometen las familias mafiosas. Esta es la razón por la que la gran mayoría de los robos, estafas y asesinatos infames y de alto perfil fueron llevados a cabo por Familias Mafiosas poderosas a nivel nacional, y no por la Camorra. Estructuras como la Mafia pueden describirse como organizadas "verticalmente", mientras que la Camorra estaba organizada "horizontalmente".

Desde que la Familia se vio debilitada por los encarcelamientos de Morello y Lupo, se desarrolló una lucha de poder entre la Familia y la Camorra napolitana. En aquel momento, la Camorra estaba dirigida por los mafiosos de Brooklyn Andrea Ricci, Alessandro Vollero y Pellegrino Morano. Vollero y Morano querían ampliar sus operaciones y se fijaron en el llamado "Rey de la Pequeña Italia", Giosue Gallucci, un destacado empresario *camorrista* con importantes conexiones políticas. Gallucci dirigía un negocio de "números" muy rentable en las zonas italianas de East Harlem, a las que la Camorra no había tenido acceso. En esencia, se trataba de una lotería en la que los jugadores hacían apuestas para predecir una serie de números que se sorteaban al azar. Las apuestas solían ser recogidas por los soldados de infantería, o "corredores", que las solicitaban en los barrios italianos, por lo general pobres, o en negocios locales propiedad de la Familia que funcionaban como centros de apuestas o "bookies".

En mayo de 1915, cuando las tensiones seguían aumentando, Giosue Gallucci fue asesinado por la Camorra. Se afirma que el dinero para el golpe lo puso personalmente el propio Morano. Para complicar las cosas, Gallucci estaba aliado con la familia Morello. Se produjo un gran conflicto entre los Morello y los jefes de la Camorra por el control de los números del difunto Gallucci. Al principio, sin embargo, la Mafia y la Camorra se mostraron relativamente pacíficas entre sí. Joe DeMarco, un viejo enemigo de los Morello, se convirtió en un gran impedimento para que la Mafia y la Camorra ampliaran sus raquetas de números, ya que DeMarco controlaba gran parte de las operaciones de juego del bajo Manhattan.

Después de que los Morello resolvieran una vez más eliminar a DeMarco (habían fracasado varias veces antes), el principal problema era que DeMarco estaba familiarizado con la mayoría de los sicarios de Morello, por lo que sería difícil abordarlo por sorpresa. Reunidos con hombres de la Camorra en Coney Island en 1916, las dos organizaciones planearon un ataque sorpresa contra DeMarco. Joe Verizzano, un socio de los Morello y una cara desconocida para DeMarco, fue seleccionado para planear el golpe. Verizzano debía entrar en uno de los establecimientos de DeMarco y apostar. Señalaría a DeMarco a un sicario camorrista que también debía estar encubierto en el edificio. Sin embargo, el primer atentado contra la vida de DeMarco fracasó. Persistentes, las bandas planearon otro ataque similar, y cuando el pistolero asignado disparó accidentalmente a la persona equivocada, Verizzano asesinó él mismo a DeMarco. Una vez eliminado el enemigo común de la Mafia y la Camorra, empezaron a conspirar unos contra otros. El derramamiento de sangre que siguió se conoció como la "Guerra Mafia-Camorra".

El conflicto llegó a ser tan intenso que se ha dicho que los miembros de ambas bandas temían aventurarse en el territorio de la otra, sabiendo que eso significaba una sentencia de muerte. Tras meses de sangrientos combates, los oficiales de la Camorra ofrecieron una tregua a la Familia Morello. Sin embargo, su objetivo no era la paz. El actual jefe de los Morello, Nicolo Morello (también conocido como Nicolo Terranova), y su guardaespaldas, Charles Ubriaco, fueron atraídos a una reunión con Morano y otros líderes de la Camorra. En esa reunión, celebrada en septiembre de 1916, ambos fueron abatidos a tiros.

Tras el asesinato de Nicolo y Ubriaco, se produjeron más asesinatos. La Camorra perseguía agresivamente a los miembros de la Familia Morello y pudo matar a varios de ellos, incluido el asesino de

DeMarco, Joe Verizzano. Sin embargo, los propios Morello, incluidos los hermanastros restantes de Giuseppe, permanecieron cerca de su territorio natal y fuera del alcance de los sicarios de la Camorra. Los *camorristas* se volvieron cada vez más descarados en sus tácticas y se comportaron de forma temeraria en su persecución de hombres de alto nivel de los Morello. En general, la Camorra podía comportarse así porque no temía las represalias policiales. Muchos policías, especialmente en Coney Island, estaban en nómina de la Camorra y era fácil sobornarlos para que hicieran la vista gorda. Además, la *omerta* seguía siendo una idea muy arraigada en esta primera etapa, por lo que la Camorra operaba bajo el supuesto de que nadie, ni siquiera en el bando de Morello, cooperaría con la policía. Debido a estas condiciones, la Camorra operó con aparente impunidad en el periodo posterior a los asesinatos de 1916.

Desgraciadamente para la Camorra, uno de sus hombres se convertiría en uno de los primeros criminales italoamericanos clave en volverse testigo de las fuerzas del orden. Un año después del asesinato de Nicolo Morello, Ralph "El Barbero" Daniello, un *camorrista* que había participado en la planificación del golpe contra Nicolo, decidió cooperar con la policía y se cree que sacó a la luz las actividades de la Camorra, sus negocios criminales y toda la trama del asesinato de Nicolo. Su testimonio contra los chantajes de la Camorra condujo a una oleada de condenas contra *camorristas*, así como a la represión de la corrupción policial, ya que Daniello también sacó a la luz parte de la información sobre las nóminas policiales de la Camorra.

En 1918, Morano y Vollero fueron declarados culpables en el caso de Nicolo Morello y Charles Ubriaco, y ambos fueron condenados a veinte años de prisión cada uno. Tony Paretti, otro gánster implicado en el asesinato de Nicolo y estrecho colaborador de Morano, fue condenado a muerte por su participación y ejecutado en 1927 (cabe destacar que, incluso después de ser encarcelado, Morano se negó a cooperar con la policía y a responder a las preguntas de la acusación contra Paretti). Un año antes del encarcelamiento de Morano y Vollero, el otro jefe de la Camorra, Andrea Ricci, fue asesinado. Es probable que sus propios hombres perpetraran el golpe, temiendo que él también se convirtiera en testigo.

Tras la muerte de Ricci, el encarcelamiento de Morano y Vollero, y la letanía de acusaciones contra otros destacados *camorristas*, la Camorra italoamericana quedó diezmada. De este modo, la guerra entre la Mafia y la Camorra terminó de una forma poco habitual: las fuerzas del orden hicieron la mayor parte del trabajo y eliminaron a los objetivos de la Familia Morello sin que ésta tuviera que mover un dedo. Con la Mafia como clara vencedora, la Familia amplió sus negocios de apuestas en Manhattan con una importante ya que se había quitado de encima la espina que tuvieron por mucho tiempo. Muchos de los *camorristas* restantes, la mayoría de los cuales estaban ahora sin trabajo y sin una verdadera estructura criminal a la que volver, acabaron uniéndose a la Mafia de Morello. La Familia, que había superado con éxito su primer gran conflicto sin su líder, y ahora fortalecida por la eliminación de la Camorra, estaba preparada para dominar el submundo criminal de Nueva York. El escenario estaba preparado para 1920, un año fundamental para la Familia Morello.

La prohibición y la Guerra Castellammarese

Después del asesinato de Nicolo, el otro hermanastro de Giuseppe, Vincenzo, asumió el control de la Familia. También hacia el final de la Guerra Mafia-Camorra, el capitán de los Morello, Joe Masseria, salió de prisión, adonde había sido enviado en 1913 acusado de robo. Masseria amplió su poder dentro de la Familia Morello, y Salvatore D'Aquila, otro capitán Morello que se había desvinculado tras el arresto de Morello, inició una lucha de poder con Masseria por el dominio de la ciudad de Nueva York. Masseria también estaba en desacuerdo directo con uno de los principales hombres de D'Aquila, Umberto Valenti. Estas luchas se convertirían en una auténtica guerra de la Mafia en la década de 1920.

En 1920, se produjeron dos acontecimientos clave para los Morello. En primer lugar, en enero, el gobierno de Estados Unidos declaró ilegal la venta de alcohol a nivel federal. Esto dio lugar a un nuevo mercado floreciente para la producción, venta e importación de licor y cerveza ilegales. Esto supuso una lucrativa oportunidad para las intrínsecamente oportunistas familias de la Mafia, que como era de esperar aprovecharon la ocasión. En muy poco tiempo, la Mafia acabó teniendo casi el monopolio del contrabando de alcohol, y muchas figuras prominentes de la Mafia alcanzaron prominencia nacional—especialmente Al Capone y su organización apodada "The Outfit de Chicago".

También en 1920, el jefe fundador de la Mafia, Giuseppe Morello, salió de prisión. En un principio pretendía volver a desempeñar un papel destacado dentro de la organización, pero su vida corrió peligro de inmediato. Sal D'Aquila, preocupado por la competencia que podría suponer Morello y temiendo al mismo tiempo sus represalias por haberse separado de la Familia, lanzó un golpe contra el recién liberado Morello. Por su propia supervivencia, Morello huyó a su tierra natal, Sicilia, donde vivió atemorizado por D'Aquila. Mientras estuvo en Sicilia, Masseria fue el principal protector de Morello y permaneció leal al muy respetado Jefe.

Mientras tanto, se estaba gestando un conflicto en el lado occidental del Atlántico. Una serie de golpes de retribución tuvieron lugar entre Masseria y la alianza D'Aquila-Valenti a partir de 1920. En 1922, Valenti ordenó un golpe contra Vincenzo Terranova, actual jefe de la familia Morello. El golpe tuvo éxito y varios otros Morello fueron atacados, dejando a Joe Masseria como el nuevo jefe oficial de la Familia. Aunque Masseria también fue objetivo de la cadena de golpes, sobrevivió por los pelos. Masseria continuó escapando de la muerte y se ganó la reputación de intocable.

La notoriedad de Masseria siguió creciendo y, a medida que lo hacía, D'Aquila era cada vez menos temido. Los continuos intentos fallidos de asesinato asestaron un duro golpe a la respetabilidad de D'Aquila, y las cosas no harían más que empeorar en agosto de 1922. Pocos días después de un atentado fallido contra Masseria y después de que D'Aquila no hubiera conseguido avanzar en el conflicto, ni eliminar a Giuseppe Morello ni a Masseria, su aliado Valenti fue asesinado. El conjunto de estos acontecimientos había arruinado las posibilidades de D'Aquila de beneficiarse del conflicto, y los Morello, liderados por Joe Masseria, quedaron como claros vencedores. Con D'Aquila significativamente debilitado y los Morello pareciendo más fuertes que nunca, el fundador de la Familia se sintió lo suficientemente confiado como para regresar a Nueva York desde su escondite en Sicilia. Sin embargo, al parecer

Morello había intuido que su tiempo en la cima del tótem mafioso había terminado. Comprendiendo que Masseria era ahora el jefe indiscutible de su antigua Familia, Giuseppe Morello se convirtió en un consejero y *consigliere* de confianza de Masseria. Juntos, ambos prosperaron durante años bajo la prohibición estadounidense. Salvatore D'Aquila fue finalmente abatido en 1928, lo que finalmente lo eliminó como competidor.

A mediados de la década de 1920, Masseria y Morello continuaron expandiendo sus actos ilícitos y chantajes, incluyendo sus actividades habituales de usura y juego, pero también el increíblemente lucrativo mercado del licor de contrabando. Para reforzar las filas de la Familia, Masseria reclutó a varios mafiosos que acabarían siendo figuras prominentes en la historia de la Mafia. Entre los más importantes se encontraban Frank Costello, Lucky Luciano y el futuro homónimo de la Familia, Vito Genovese. Cada uno de estos hombres acabaría dirigiendo la organización. La década de 1920 fue un periodo próspero para los Morello, sin embargo, con la Guerra Mafia-Camorra aún en la memoria reciente, se estaba desarrollando otro nuevo conflicto.

Algún tiempo después de su arresto por el difunto teniente de la policía de Nueva York Joe Petrosino, el mafioso Vito Cascio-Ferro había regresado a su tierra natal siciliana (donde supuestamente también participó en el asesinato de Petrosino durante la investigación en territorio italiana). Aquí, Cascio-Ferro prosperó y se convirtió en un poderoso jefe regional en Castellammare Del Golfo, una pequeña ciudad costera de la provincia de Trapani. Tras fracasar en su anterior intento de entrar en la escena mafiosa estadounidense, decidió intentarlo una vez más. En algún momento de la década de 1920, Cascio-Ferro envió a uno de sus mejores hombres, Salvatore Maranzano, para intentar someter a la competencia estadounidense y hacerse con el control de las operaciones al otro lado del Atlántico. Tras su llegada a Estados Unidos, Maranzano pronto llegó a dominar la facción Castellammarese dentro de la ciudad de Nueva York, que también incluía a los destacados gánsteres Joe Profaci, Joe Aiello y un joven Giuseppe Bonanno, también conocido como Joe Bananas.

La organización de Maranzano se involucraría en dos negocios ilícitos principales. El primero y más rentable era el contrabando, que incluía la producción y la venta. Bonanno, por aquel entonces, era el responsable directo de la protección del licor mientras estaba en tránsito. La otra actividad en la que se metió Maranzano fue la producción de documentos falsos para inmigrantes ilegales italianos. Este era un aspecto importante del negocio de Maranzano, porque muchos de los extranjeros contrabandeados eran italianos que Maranzano reclutaba para reforzar sus filas. Fue el primero de estos negocios el que enfrentaría a Maranzano con el jefe de la Familia Morello, Joe Masseria.

Antes de que estallaran las hostilidades, en torno a 1928 se produjeron algunas disputas por licores robados que exacerbaron la tensión entre la organización mafiosa "americanizada", a la que representaban muchos de los hombres de Masseria, y la organización siciliana castellammarese de la "vieja escuela" recién llegada. Al mismo tiempo que Masseria reclutaba para preparar el conflicto, Maranzano hacía movimientos similares. Intentó cortejar a Charles Luciano; sin embargo, Luciano se sentía generalmente desanimado por la naturaleza condescendiente de Maranzano y la vieja escuela que representaba. En particular, Luciano se sintió ofendido por la aversión de Maranzano y otros sicilianos a trabajar con no italianos. Maranzano había hecho conjeturas sobre las conexiones judías de Luciano, lo que claramente no fue apreciado. Luciano rechazó las ofertas de Maranzano y se unió a Masseria, presintiendo que la guerra estaba cerca. Sin embargo, las lealtades de Luciano distaban mucho de estar seguras, y él también conspiraba.

En 1930, las disputas se convirtieron en una guerra, generalmente conocida como la "Guerra de Castellammarese". Masseria inició las violentas hostilidades ordenando el asesinato de un castellammarés afincado en Detroit llamado Gaspar Milazzo. Masseria también traicionó a un aliado suyo, Gaetano Reina, cuyos aliados se unirían a Maranzano para vengarse. Maranzano también lanzaría ataques contra la facción de Masseria. Una de las primeras grandes pérdidas de Masseria fue la de—Giuseppe Morello, un legendario mafioso, fundador de la Familia Morello y *consigliere* de Masseria, asesinado a tiros por sicarios de Maranzano en el verano de 1930 en su oficina de Harlem. Meses más tarde, Masseria ordenaría el asesinato de otro aliado de Maranzano, esta vez Joe Aiello, de Chicago. Los dos primeros asesinos de Masseria, Milazzo y Aiello, eran miembros de la influyente organización italoamericana *Unione Siciliana*.

Tras el golpe de Aiello, Maranzano contraatacó con una intensidad despiadada. Esto fue posible gracias a que la banda de Maranzano ya estaba mucho más organizada que la de Masseria, a pesar de que muchos Castellammarese eran relativamente recién llegados al país y al panorama mafioso estadounidense. Las conexiones establecidas de Maranzano en Sicilia sin duda lo favorecieron, así como la conexión Castellammare que proporcionó a Maranzano apoyo en otras ciudades como Chicago, Detroit y Filadelfia. Se llevaron a cabo varios golpes a hombres importantes de Masseria, seguidos de varias deserciones de la tripulación de Masseria a Maranzano. Las deserciones no fueron sorprendentes, ya que muchos de los hombres de Masseria supuestamente expresaron dudas, incluso antes de que comenzara la guerra, sobre si el veterano Masseria era el hombre adecuado para dirigir a la Familia en la década de 1930. Después de que gran parte de la estructura de liderazgo de Masseria fuera desbaratada, se quedó con muy pocas opciones para contraatacar y empezó a parecer cada vez más débil. Aún sin haber cedido, algunos de los hombres de Masseria buscaron una forma de poner fin al destructivo conflicto. Luciano, conspirando desde el principio, vio una oportunidad con la ayuda de Vito Genovese.

Luciano y Genovese se habían puesto en contacto con Maranzano para ver qué tipo de acuerdo se podía alcanzar. Luciano buscaba claramente una posición de liderazgo y estaba dispuesto a traicionar a Masseria para hacerse con el control de su organización. Sin embargo, comprendió que no habría mucha tripulación para tomar el relevo si la guerra se prolongaba mucho más. Así que, Luciano accedió a organizar un golpe contra Masseria. A cambio, Maranzano accedió a poner fin oficialmente a la guerra y al derramamiento de sangre, y a poner a Luciano al mando de la tripulación de Masseria, que estaría supeditada a Maranzano. Antes de que Luciano pudiera hacer su jugada, Masseria supuestamente descubrió el complot y ordenó atentar contra Luciano mientras fingía ignorar su complot. Otro de los hombres de Masseria, Joey Adonis, advirtió a Luciano del complot y pudo actuar con más rapidez que Masseria. Sin saber que Adonis, el hombre al que había confiado el golpe de Luciano, le había traicionado y se había aliado con el propio Luciano, Masseria acordó una reunión en un restaurante de Coney Island en 1931. En esta reunión, Masseria fue asesinado a tiros durante una partida de cartas por algunos de sus aliados de mayor confianza. Genovese estaba entre ellos.

Con Masseria eliminado y Luciano habiendo cumplido su parte del trato, Maranzano puso fin oficialmente a la Guerra de Castellammarese y puso fin al derramamiento de sangre, al menos durante un tiempo. Maranzano dio su bendición a Luciano para que se hiciera cargo de la antigua Familia Morello, que poco después pasó a conocerse oficialmente como la Familia Luciano. Reconociendo el poder de Maranzano, que poco después se declararía el nuevo Jefe de Jefes, Luciano serviría como uno de sus lugartenientes de alto rango. Luciano no olvidó a sus amigos: Vito Genovese, Frank Costello, Joey Adonis, así como Bugsy Siegel, el estrecho colaborador judío de Luciano, todos se beneficiaron del ascenso de Lucky Luciano, que ahora se encontraba en la posición más alta que jamás había alcanzado. Sin embargo, sus intrigas aún no habían terminado.

CAPÍTULO 3
LA ERA DE LUCIANO

Durante gran parte de la década de 1930, la Familia Genovese se centró en Charles "Lucky" Luciano, uno de los mafiosos más conocidos de la historia de Estados Unidos. Representando una nueva era para la mafia italoamericana, la época de Luciano como jefe estuvo marcada por varias innovaciones y logros duraderos. Su breve reinado supuso un punto de inflexión para el crimen organizado.

Las Cinco Familias

Sin Masseria y con una serie de gánsteres competentes trabajando bajo sus órdenes, Salvatore Maranzano se había establecido como la figura mafiosa más poderosa de Nueva York. Parecía intocable. Sin embargo, los hombres competentes que tenía a sus órdenes también eran muy ambiciosos, y la permanencia de Maranzano en la cima del tótem mafioso duraría poco. Su estilo anticuado y su tendencia a absorber los negocios de sus subordinados acabarían molestando a la gente equivocada, muchos de los cuales se habían marchado de la banda de Masseria por las mismas razones. Una vez más, se avecinaban problemas en los bajos fondos de la Mafia.

Uno de los primeros movimientos de Maranzano tras poner fin a la Guerra de los Castellammarese fue reorganizar la Mafia de Nueva York en las ahora tristemente célebres "Cinco Familias" (utilizadas como inspiración para las Cinco Familias de *El Padrino*: Las ficticias familias Barzini, Tattaglia, Cuneo, Stracci y Corleone). Con esta medida se pretendía dotar a las organizaciones de Nueva York de una estructura más estricta y hacer más eficiente el control y la administración de las distintas Familias. La reorganización también condujo a una solidificación de la jerarquía de la Mafia. Ya no había conocidos vagos con estatus indefinidos y estructuras de mando laxas. Ahora, cada Familia debía organizarse según el formato "Jefe > Subjefe > *Caporegimes* > Soldados > Asociados", y los no italianos quedaban excluidos de la afiliación oficial (algo que antes molestaba a Luciano). En aquella época, las familias estaban encabezadas por Joe Profaci, Tommy Gagliano, Vincent Mangano y, por supuesto, Lucky Luciano y el propio Maranzano. También hubo una "sexta familia" no oficial que cobró importancia en la década de 1970: los Rizzuto, liderados por Nicolo Rizzuto y con sede en Montreal (Quebec, Canadá). Los Rizzuto tenían estrechos vínculos con las Familias de Nueva York, y se habían hecho famosos por su alianza inicial con la Familia Bonanno y su traición final con los asesinatos orquestados por los Rizzuto en 1981 de tres *caporegimes* Bonanno.

Poco después del final de la guerra y de la reorganización de las "Cinco Familias", Maranzano organizó un banquete en Nueva York y una gran celebración en su honor. Asistieron varios destacados mafiosos estadounidenses. Maranzano aprovechó la ocasión para anunciarse como el nuevo capo di tutti capi—el Jefe de Jefes. Para muchos de los subordinados de Maranzano, este movimiento significaba lo que habían temido: La vida bajo Maranzano sería muy parecida a la de Joe Masseria. La declaración molestó especialmente a Luciano, a quien no le gustaba el concepto de un único "Jefe de Jefes" que controlara todo el mundo del hampa. Luciano llegó a considerar que Maranzano podía ser incluso peor que Masseria—era codicioso y estaba dispuesto a conspirar para conseguir más poder. Ni que decir tiene que en una organización en la que todo el mundo quiere enriquecerse, la avaricia excesiva nunca es un rasgo de carácter popular.

Sólo unos meses después de ser nombrado lugarteniente de Maranzano, Luciano decidió actuar contra el nuevo capo di tutti capi. Al mismo tiempo, Maranzano se volvió paranoico y temió que Luciano y su creciente base de poder se convirtieran en una seria amenaza. Especialmente preocupante era el ascenso de Luciano dentro de la estructura de liderazgo de la *Unione Siciliana*. Maranzano necesitaba actuar con rapidez e intentó atrapar a Luciano antes de que él mismo muriera, pero una vez más, la lealtad de los amigos de Luciano le salvó la vida. Tommy Lucchese, compañero de la mafia y futuro jefe de la moderna Familia Lucchese, oyó rumores del golpe y le dio la noticia a Luciano. Resultó que Maranzano quería muertos a Luciano, a Costello y a Genovese los tres hombres más importantes de la Familia.

El 10 de septiembre de 1931, hombres armados disfrazados de agentes de la ley se dispusieron a matar a Salvatore Maranzano, el Jefe de Jefes. Al parecer, el encargado del golpe fue Abraham "Bo" Weinberg, un gánster y contrabandista judío establecido en Manhattan y estrechamente relacionado con la leyenda del contrabando Dutch Schultz. Al parecer, el propio Lucchese también colaboró para identificar a Maranzano para los sicarios, todos ellos desconocidos para el jefe. En aquel momento, Maranzano se encontraba en su costosa oficina del Edificio Central de Nueva York, también conocido como edificio Helmsley, un rascacielos palaciego recién construido en Park Avenue, Manhattan. Esta oficina le servía de cuartel general para sus negocios de tráfico de inmigrantes y falsificación de documentos. Fue aquí donde Maranzano ordenó a Luciano, Costello y Genovese que se reunieran—una reunión que Luciano creía que sería la última.

Poco antes de que el posible asesino de Luciano llegara a la oficina de Maranzano para esperar a los tres objetivos, Bo Weinberg y sus cómplices disfrazados entraron en su despacho y ordenaron a los hombres que estaban dentro que se rindieran. Como Maranzano y sus socios solían evitar trabajar con no italianos, sus hombres no reconocieron a los gánsteres judíos que se hacían pasar por agentes federales. Fue la conexión judía de Luciano, que Maranzano encontró repelente, lo que permitió a Lucky conseguir la caída sobre él. Los hombres habían despojado a los guardaespaldas de Maranzano de sus armas, dejándolo indefenso. Maranzano, que había sido *capo di tutti capi* durante sólo unos cinco meses, fue encontrado muerto en su despacho con numerosas heridas de bala y arma blanca. Fue la única víctima.

Maranzano no fue la única víctima aquel día: Luciano y su familia habían orquestado una serie masiva y relativamente simultánea de atentados contra aliados de Maranzano. Se calcula que entre 30 y 90 asociados de Maranzano fueron asesinados en todo el país. Se llevó a cabo durante los días siguientes, pero muchos de los golpes se produjeron en la hora siguiente al asesinato de Maranzano. Las fuentes más conservadoras afirman que ese "asesinato masivo" ni siquiera tuvo lugar. En cualquier caso, la familia de Maranzano y sus conexiones en todo el país habían sido eliminadas, y la "vieja guardia" de la Mafia siciliana había quedado absolutamente diezmada. La lucha entre los que representaban el tradicionalismo a la antigua usanza y los que abrazaban la americanización, que llegó a su punto álgido durante la Guerra de Castellammarese, había terminado, y fueron los jóvenes de Luciano, más abiertos de mente, los que salieron victoriosos.

Se ha afirmado que Vincent Coll, un conocido sicario de la Mafia contratado por 25.000 dólares para asesinar a Luciano, Costello y Genovese, se acercaba a la entrada del edificio de oficinas de Maranzano justo cuando el escuadrón de asesinos huía. El propio Coll huyó rápidamente. No era la primera vez que Coll se enredaba con Weinberg y el resto de la banda de Schultz. Ese mismo año, en el verano de 1931, Coll había recibido la orden de asesinar a Joseph Rao, socio de Schultz, que trabajaba con él en el contrabando. Coll se hizo tristemente célebre después de su intento de golpe, no porque fuera un asesinato de alto perfil, sino porque fue un fracaso masivo que no resultó en la muerte de Rao, sino en el tiroteo de varios niños, incluyendo uno que murió—la tragedia le valió a Coll el apodo de "Perro Loco". No fue hasta después del fallido asesinato en Park Avenue, en septiembre, cuando Coll fue juzgado y finalmente absuelto. Sin embargo, pronto se le acabó el tiempo. En 1932, Schultz eliminó a Coll y a gran parte de su equipo. Weinberg, el principal componente del golpe contra Maranzano, también estuvo implicado en el asesinato de Coll.

Tras la muerte de Maranzano y la destrucción de su red de aliados, Charles "Lucky" Luciano se convirtió en el jefe mafioso más poderoso de Nueva York, con fuertes subordinados en Vito Genovese y Frank Costello. No habría sorprendido en absoluto que Luciano aprovechara la oportunidad para declararse el nuevo *capo di tutti capi*, como habría sido la costumbre esperada en la época. Pero Luciano, que había tenido problemas con el título no oficial al menos desde la época de Masseria, se negó a hacerlo. En su lugar, "abolió" el título, por considerarlo una fuente de competencia innecesaria, resentimiento y fricción entre las Familias. En cualquier caso, Luciano era generalmente reacio a la atención mediática, y probablemente no habría querido ocupar un puesto tan prominente de todos modos. En los años previos a su ascenso definitivo en los bajos fondos, las referencias a Luciano en los medios de comunicación eran muy escasas—era un hombre que prefería pasar desapercibido. También se ha sugerido que Luciano, un revolucionario en muchos sentidos, estaba muy interesado en abolir la ceremonia utilizada para introducir a los "hombres hechos" en las familias de la Mafia. En su cruzada contra el viejo estilo de la mafia siciliana, había llegado a la conclusión de que las tradiciones ceremoniales y simbólicas de la mafia eran innecesarias. Curiosamente, fue Vito Genovese quien supuestamente convenció a Luciano para que no abandonara el concepto de "Hombre Hecho".

Con el dominio de Luciano ya indiscutible, no perdió tiempo en ampliar su empresa criminal, así como la de otras Familias de la Mafia. La Familia Luciano operaba en los mercados habituales: usura, extorsión y juego. Sin embargo, Luciano también se extendió a otros mercados. Amplió enormemente su red de prostitución, se implicó a fondo en el chantaje sindical y el tráfico de drogas, y desempeñó un papel decisivo en la adquisición por parte de la Mafia de los negocios del Waterfront y el Garment District de Manhattan.

Sin embargo, ahora que el puesto de Jefe de Jefes había desaparecido y no había un jefe claro de todas las actividades de la Mafia, Luciano necesitaba una forma de mantener el control de la organización que había luchado y maquinado para dominar. Para ello, convocó una reunión a finales de 1931 en Chicago, que la mayoría de los mafiosos supusieron que sería su ceremonia para anunciarse como *capo di tutti capi*. En esta reunión de varios poderosos capos de la Mafia, Luciano propuso algo que hasta el día de hoy se considera su mayor logro y su mayor contribución al mundo de la Mafia—la Comisión.

La Comisión

Desde el principio de su reinado, Luciano había intentado concebir una forma de revolucionar tanto la estructura como la metodología de la Mafia. Luciano desdeñaba lo que consideraba conflictos inútiles entre Familias: Guerras territoriales, asesinatos por venganza y cosas por el estilo. Para que todo el mundo tuviera éxito, las pequeñas disputas debían reducirse al mínimo. Al fin y al cabo, años de luchas internas habían dejado al crimen organizado siciliano-estadounidense más vulnerable ante el gobierno y sus fuerzas del orden.

Cuantos más mafiosos sean detenidos y procesados, más probable será que sus operaciones queden al descubierto. Todas las familias mafiosas del país tenían un enemigo común.

Lo que Luciano propuso fue un organismo gubernamental nacional, tipo confederación, para la Mafia; un organismo que se reuniría a intervalos regulares para debatir los problemas más acuciantes a los que se enfrentaba la Mafia en su conjunto. Su mandato consistiría en actuar como mediador o árbitro en disputas entre dos o más mafiosos o Familias, con el objetivo ideal de evitar una escalada de violencia. A este órgano, que también actuaría como supervisor de las actividades mafiosas, podrían presentarse disputas de todo tipo. Por ejemplo, los mafiosos que quisieran tomar medidas drásticas (como veremos, esto incluye el asesinato político) tendrían que presentar primero un caso ante este órgano de gobierno y pedir su aprobación.

De este modo, la Comisión serviría tanto para reducir las luchas internas dentro de las organizaciones como para reducir el espectáculo público de la Mafia, controlando a los "cañones sueltos" o a los actores independientes. Fue también en esta reunión donde se originó la duradera tradición de que los "Hombres Hechos" eran "intocables". Se decidió que los Hombres Hechos serían inmunes a los golpes de gánsteres que no fueran Hechos. Sólo otro Hombres Hechos podía autorizar y llevar a cabo un golpe de ese tipo, mientras que el asesinato de un Hombres Hechos por un extraño sería castigado con asesinato en represalia. En Chicago, la tierra natal de Al Capone, el organismo que se conocería como "La Comisión" fue aprobado por un panel de figuras nacionales de la Mafia y compañeros de Luciano.

El hecho de que existiera la Comisión es otro testimonio de la ya mencionada "asociación popular" de la Mafia, que se refiere a la tendencia a introducirse en instituciones legítimas. Esto puede verse tanto a nivel microeconómico, con familias que utilizan negocios honestos como tapaderas o centros de blanqueo, como a nivel macroeconómico, con familias que se involucran en la política regional y nacional. Ahora, podemos ver cómo la Mafia construye un nuevo tipo de institución basada en las instituciones políticas y comerciales estadounidenses ya establecidas. El nombre "La Comisión" evoca imágenes de comités políticos del Congreso, y el organismo tenía incluso un "consejo de administración" que actuaba como su más alto panel administrativo, claramente basado en los consejos de dirección de las empresas y los grupos de inversión. La Comisión, que ha sido comparada con una especie de Tribunal Supremo de la Mafia, representaba la nueva era de la Mafia siciliana totalmente americanizada. Siguiendo el espíritu de los valores estadounidenses, la Mafia estadounidense se había divorciado por completo de sus antepasados del viejo mundo.

El primer grupo de directores de la Comisión para la junta fueron siete prominentes figuras de la mafia. Esto incluía al jefe de cada una de las Cinco Familias de Nueva York. Vincent Mangano, Joe Profaci, Tommy Gagliano y Luciano eran caras conocidas, pero Joseph Bonanno, antiguo subordinado de Maranzano y superviviente de la Guerra Castellammarese, era el nuevo jefe de la recién rebautizada Familia. También formaba parte de la junta directiva Stefano Magaddino, también conocido como "El Enterrador", un poderoso jefe de la Mafia con base en Buffalo, Nueva York. Su influencia se extendía hasta el norte de Montreal, QC, una ciudad que la Familia Rizzuto, de origen siciliano-canadiense, llegaría a dominar en la década de 1970. El séptimo puesto de la tabla lo ocupaba quizá el mafioso y contrabandista más famoso de todos los tiempos: Alphonse "Scarface" Capone, afincado en Chicago y nacido en Estados Unidos, cuyo dominio del crimen en el Medio Oeste de Estados Unidos no podía ignorarse. Lucky Luciano fue el primer presidente de la junta directiva.

Además de servir como órgano de mantenimiento de la paz, la Comisión también permitió un mayor nivel de cooperación entre organizaciones mafiosas de zonas distantes del país. Las redes de alianzas pasaron a ser nacionales en lugar de regionales, y se hizo posible cooperar en grandes empresas comerciales interestatales. Además, ayudó a eliminar una gran cantidad de enemistad y rencor que se había criado en la Mafia. Luciano se había ganado una gran reputación en el hampa nacional, ya que era sin duda el jefe más poderoso del país y, sin embargo, se negaba a arrogarse el título. Aunque ejercía de presidente, fue Luciano quien insistió en que la Comisión se rigiera por criterios democráticos y en que cada miembro de la familia tuviera un voto en las decisiones, y que cada voto tuviera el mismo peso que los demás. Y, en un intento de disuadir a los oportunistas hambrientos de poder, la Comisión también sería responsable de aprobar a los nuevos jefes de la Familia.

Para muchos, Luciano personificaba el concepto de jefe desinteresado, más preocupado por la prosperidad cooperativa que por la codicia, la venganza y la megalomanía. Hablando sobre el tema, Luciano ha sido grabado explicando sus motivos: "Les expliqué que estábamos en un negocio que tenía que mantenerse en movimiento sin explosiones cada dos minutos, matando a tipos sólo porque venían de una parte diferente de Sicilia, ese tipo de mierda nos estaba dando mala fama, y no podíamos cooperar hasta que se detuviera" (Gosch y Hammer, 2013). Para los estándares de los jefes de la Mafia, Lucky Luciano era ciertamente único.

En gran medida, la Revolución de la Mafia de Luciano fue un éxito. Las reuniones destinadas a establecer La Comisión pasaron desapercibidas para las fuerzas del orden, y así la mayor estructura administrativa de la Mafia jamás construida se estableció delante de sus narices. Las familias disfrutaron de más seguridad y rentabilidad que durante la anterior época de guerra entre la Mafia y los conflictos de Camorra y Castellammarese. Mil novecientos treinta y uno fue en Estados Unidos un periodo de inseguridad económica sin precedentes, desempleo y pobreza agobiante. La posición financiera de la mayoría de los estadounidenses estaba completamente minada, pero la Mafia no tuvo que hacer frente a tales dificultades. Bajo la nueva estructura organizativa de Luciano, el monopolio del vicio de la Mafia prosperó mientras otros se tambaleaban durante los primeros años de la Gran Depresión.

El nuevo sistema también fue diseñado para frenar la alta tasa de rotación de los jefes de la Familia. Al traer más paz y cooperación se redujo el riesgo de que los jefes fueran asesinados por sus rivales, pero el nuevo sistema también ayudó a alejar más a los jefes de las actividades ilícitas reales que cometían los miembros de menor rango. De este modo, los jefes también estarían más protegidos de los riesgos penales. Esto también fue un éxito, y los menores índices de rotación de los jefes de familia contribuyeron a fomentar una mayor estabilidad y alianzas más duraderas en todos los ámbitos. De forma un tanto injusta, Luciano resultó ser el único miembro de alto rango de la Mafia de su época que recibió algún tipo de condena importante. Por desgracia para él, sus condenas llegarían pocos años después de haber revolucionado el crimen organizado.

Durante los primeros años tras su creación, la Comisión no se enfrentó a ningún juicio importante, ya que sus operaciones se desarrollaron sin problemas. Esto cambiaría en 1935, cuando el fiscal Thomas Dewey empezó a investigar a fondo a la Mafia. Dewey era un cruzado en muchos sentidos y persiguió agresivamente las operaciones de la Mafia. Por este motivo, fue nombrado fiscal especial por el entonces gobernador de Nueva York, Herbert Lehman, en respuesta a las acusaciones de mano blanda hacia las actividades de la Mafia en la ciudad de Nueva York. Se creía que el gobierno estatal estaba dedicando demasiada energía a combatir la supuesta amenaza comunista, mientras dejaba que el crimen organizado anduviera campante y a sus anchas por todo Nueva York.

Con la ayuda del célebre alcalde de Nueva York Fiorello "la florecilla" La Guardia, Dewey empezó a reclutar personal para su campaña contra la mafia. La Guardia también era un agresivo defensor de la eliminación del crimen mafioso. Vito Genovese escapó en gran medida a la persecución de los años treinta: En cambio, fueron Luciano y Costello quienes sintieron su ira. En un movimiento devastador para los jefes de la Mafia, Dewey también presionó para que se modificara la legislación vigente en Nueva York, que no permitía que múltiples cargos y acusados fueran juzgados en un mismo proceso. Esta ley dificultaba enormemente el enjuiciamiento de altos cargos de la Mafia, que sólo estaban relacionados tangencialmente con los delitos reales. Después de que Dewey consiguiera cambiar la legislación, la tramitación de múltiples cargos en un solo juicio permitió establecer múltiples conexiones que llevaron hasta el jefe de la Familia. Vigorizado, el equipo de Dewey persiguió entonces agresivamente una serie de empresas criminales por las que era conocida la Mafia, incluida la lotería italiana gestionada por la Mafia, así como la prostitución.

Fue esta última la que acabaría provocando la caída inicial de Luciano.

Uno de los primeros éxitos de la investigación de Dewey fue el caso que su equipo había montado contra Dutch Schultz, gánster judío y socio de Luciano. Schultz era conocido de Dewey desde hacía tiempo y había sido acusado en 1933, y después de que el primer juicio contra Schultz terminara sin avances sustanciales, la fiscalía le amenazó con una condena por evasión de impuestos. Schultz se volvió más paranoico y errático a medida que avanzaba el proceso. Finalmente, Schultz resolvió asesinar a Dewey para desbaratar la investigación en su contra y destituir al máximo depredador de la ley en aquel momento. Habría sido un movimiento radical, incluso para la Mafia. En circunstancias anteriores, Schultz podría haber actuado por voluntad propia y haber llevado a cabo el golpe con sus propios hombres. Pero era la época de Luciano y de la Comisión.

Acatando el nuevo sistema, Schultz convocó una reunión con La Comisión en 1935 y pidió permiso para llevar a cabo el golpe, argumentando que la presencia de Dewey era una amenaza para toda la Mafia, no sólo para él. No se equivocaba. Sin embargo, la Comisión y su junta directiva lo consideraron un paso demasiado lejos. Aunque era cierto que la eliminación de Dewey retrasaría todas las investigaciones de la Mafia y eliminaría a un poderoso cruzado contra la mafia, también era cierto que el asesinato de una figura nacional tan prominente, que estaba en medio de una investigación masiva sobre la Mafia, sin duda traería una tormenta de atención a la Mafia y probablemente daría lugar a una represión nacional aún más brutal. Schultz, un gánster respetado y bien relacionado, vio denegada su solicitud de permiso.

Por desgracia para Schultz, esto no hizo más que enfurecerle y desesperarle aún más. Hizo caso omiso de la decisión de la Comisión y dijo a los presidentes que mataría a Dewey de todos modos, antes de marcharse. Poco después, Albert Anastasia, otro mafioso, se presentó ante Luciano con la noticia de que Schultz había puesto en marcha la eliminación de Dewey. Obviamente, el comportamiento errático y la desobediencia de Schultz hacia la nueva alta autoridad no podían tolerarse. Tras deliberar, la Comisión había resuelto asesinar a Schultz antes de que pudiera causar un daño irreparable a la organización.

En octubre de 1935, Schultz fue tiroteado por un escuadrón de la muerte mientras se reunía con sus socios en el restaurante-pub Palace Chop House de Newark. Un escuadrón asociado con Anastasia entró en el restaurante y disparó contra Schultz y sus tres socios. Ninguno murió en el acto, y los asesinos fueron ahuyentados antes de que los cuatro fueran trasladados en ambulancias. La situación empeoró en el hospital y todos murieron al día siguiente. Curiosamente, Schultz se había convertido al catolicismo al intentar influir en la decisión de Luciano sobre su plan de asesinato, y al parecer había pedido el bautismo en el hospital antes de morir. Al final, fue el temperamento fogoso de Schultz, al que probablemente se debió la mayor parte de su éxito, lo que provocó su muerte. Schultz ya no estaba y se había evitado una posible crisis, pero la amenaza de Dewey seguía acechando.

Se Acaba la Suerte

Una vez eliminado Dutch Schultz como candidato a ser procesado, Dewey dirigió su cruzada hacia el jefe de *facto* de la mafia estadounidense: el mismísimo Lucky Luciano. Debido a su carácter y a su ética empresarial, Luciano era una figura relativamente desconocida, a pesar de ser el gánster más poderoso del país. Incluso para muchos agentes de la ley, no era nadie. Sin embargo, Dewey, aunque probablemente desconocía el alcance del poder de Luciano, sabía sin duda que era un delincuente de alto rango afiliado a la mafia, dadas sus desagradables conexiones y la disparidad entre sus ingresos registrados y su nivel de vida, obviamente elevado. El fraude fiscal y la evasión de impuestos eran en aquella época uno de los pocos métodos fiables para condenar a los jefes de la Mafia, por lo que las finanzas de Luciano fueron escudriñadas minuciosamente por Dewey y su equipo. Luciano estaba ahora firmemente en el punto de mira de la cruzada de Dewey.

Otra figura clave en la caída de Luciano fue una ayudante del fiscal del distrito llamada Eunice Carter. Carter se dedicó sobre todo a investigar las redes de prostitución de la Mafia, uno de los mayores negocios de Luciano, y animó a Dewey a ocuparse más de la prostitución que de los delitos fiscales o contra la renta. Carter organizó y dirigió redadas en docenas de burdeles sospechosos de la ciudad de Nueva York. Las tácticas empleadas por Carter resultaron ingeniosas y muy eficaces. En una época en la que la Mafia estaba más organizada que nunca y la *omerta* seguía tomándose muy en serio, a las fuerzas del orden les resultaba difícil reunir testigos dispuestos y cooperativos dentro de las estructuras mafiosas. Incluso gánsteres judíos como los compañeros de Schultz durante su asesinato en 1935 se negaron a dar información sobre sus atacantes a la policía mientras estaban en el hospital, hasta que sus superiores les dieron permiso explícito para hacerlo.

Dada esta situación, Carter y Dewey persiguieron a aquellos que tenían un conocimiento íntimo de las operaciones pero que no estaban sujetos a ningún código de silencio: Las propias prostitutas. Durante las redadas, numerosas prostitutas y mujeres que regentaban los burdeles fueron detenidas y amenazadas con ser acusadas de prostitución. El equipo de Dewey no tardó en darse cuenta de que las prostitutas, muchas de las cuales afirmaban haber sufrido abusos habituales por parte de miembros y asociados de la Mafia, estaban más que dispuestas a cooperar con las fuerzas del orden a cambio de protección y de librarse de duras penas de prisión. Sin embargo, es posible que la información facilitada por las prostitutas fuera embellecida; no dar a los investigadores la información que querían oír podría haber supuesto su encarcelamiento.

En el transcurso de las entrevistas con prostitutas y madames, Luciano había sido, por primera vez, implicado directamente en un delito. Fue descubierto como el líder de una red de prostitución masiva en Estados Unidos, conocida simplemente como "La Combinación". La red contaba con cientos de locales y miles de prostitutas sólo en Brooklyn y Manhattan. El equipo de Dewey también descubrió que Davie Betillo, un conocido socio de Luciano, había estado dirigiendo la administración de un gran número de burdeles organizados en la zona. La información obtenida mediante cuidadosas escuchas telefónicas de los burdeles de Luciano no hizo sino reforzar el caso contra él.

Tras las redadas, Luciano se dio cuenta de que los temores de Dutch Schultz sobre Dewey estaban totalmente justificados. Temía que pronto le descubrieran, y huyó brevemente de Nueva York hacia

Arkansas. La ciudad de Hot Springs tenía un gobierno local notoriamente corrupto, en el que se movían fácilmente mafiosos poderosos y bien conectados. La ciudad se había convertido en una especie de refugio para gánsteres fugitivos. La investigación siguió su curso en su ausencia, y finalmente el equipo de Dewey trató de atrapar a Luciano por casi cien cargos de organización de prostitución forzada en Nueva York. Cooperando con la investigación, el estado de Arkansas pretendía enviar a Luciano de vuelta a Nueva York, y lo hizo arrestar a la espera de su vista. Sin embargo, era poco probable que un hombre como Luciano huyera a un lugar donde no tuviera amigos en las altas esferas. Su fianza fue pagada por el propio detective jefe de Hot Springs.

Luciano volvía a estar libre, pero no duraría mucho. Dewey conocía el paradero de Luciano (al parecer, un detective amigo de Dewey había reconocido la cara de Lucky y avisó rápidamente al investigador jefe), y sobornar a los funcionarios del estado de Arkansas no dio ningún resultado. Antes de que la familia y el equipo legal de Luciano pudieran actuar para protegerle, los investigadores irrumpieron en su refugio de Arkansas y se lo llevaron por la fuerza. El equipo de Dewey lo trasladó a Nueva York con un fuerte dispositivo de seguridad, temiendo que la familia Luciano intentara rescatarlo. Fue juzgado por prostitución, junto con varios de sus socios mafiosos.

En mayo de 1936 comenzó el juicio de Luciano. Dewey actuó como fiscal principal y reunió una alineación masiva de docenas de prostitutas, madamas y proxenetas para que sirvieran como testigos contra Lucky. Los testigos testificaron que se habían aprovechado de ellos los operadores de La Combinación. Las dificultades provocadas por la Gran Depresión les obligó a una búsqueda desesperada de ingresos, y Dewey se aseguró de hacer hincapié en que los hombres juzgados se aprovecharon de la gente en sus momentos más bajos. Toda la estrategia de Dewey giraba en torno a presentar a Luciano como un proxeneta salvaje e inmoral, a la vez que lo construía como el orquestador y arquitecto más importante de La Combinación.

El grado real de implicación de Luciano en La Combinación es objeto de debate, pero poco importaba en aquel momento. Bajo la dirección de Dewey, varios miembros de su grupo de testigos declararon que Luciano era el hombre en la cima de la cadena de mando dentro de la red de prostitución. No ayudó al caso de Luciano el hecho de que muchas de las prostitutas testigos también declararan sobre los brutales abusos que sufrían como medidas disciplinarias aplicadas por hombres directamente bajo el mando de Luciano. Al parecer, las prostitutas que se portaban mal o no ganaban lo suficiente eran amenazadas, golpeadas y, en ocasiones, desfiguradas físicamente. Dewey había ganado claramente el argumento moral del caso.

Los principales argumentos utilizados en defensa de Luciano fracasaron en su mayor parte. Su equipo intentó pintar a Dewey como un arribista oportunista, que lideraba esta cruzada simplemente para glorificar su propio nombre e impulsar su carrera. También se aseguraron de señalar el hecho de que los testimonios más condenatorios contra Luciano procedían de testigos que eran drogadictos y delincuentes confesos en los que no se podía confiar. Mientras tanto, Luciano se hacía el tonto. Afirmó no haber conocido nunca a ninguno de los supuestos "testigos", e incluso afirmó no conocer a sus coacusados presentes en el mismo juicio (éste había sido el primer juicio conjunto con arreglo a la nueva normativa de Nueva York). Siempre carismático, Luciano llegó a bromear diciendo que, aunque ciertamente daba dinero a los burdeles, nunca se beneficiaba de ellos.

Estos esfuerzos fueron en vano. A pesar de la insistencia de su defensa en que Dewey no era profesional y sólo buscaba una reputación, el fiscal principal desmontó con pericia la historia de Luciano. Rápido a la hora de señalar incoherencias en su testimonio, Dewey tuvo a Luciano contra las cuerdas durante la mayor parte del juicio, y eso se notó—Luciano estaba visiblemente alterado cuando Dewey procedió a su interrogatorio. Dewey también expuso el evidente fraude fiscal de Luciano. Luciano llevaba una vida aristocrática y, a pesar de que en general evitaba llamar la atención, su fastuoso estilo de vida era bien conocido. Dewey llamó la atención del jurado sobre una enorme discrepancia: Según el gobierno de Estados Unidos, Luciano vivía oficialmente con unos ingresos anuales de menos de 25.000 dólares. La rapidez de Luciano le falló y fue incapaz de explicarse. Sus conocidos vínculos con el tristemente célebre Al Capone tampoco ayudaron.

En un duro golpe a su reputación, Dewey y la acusación también consiguieron que Luciano admitiera que, en una ocasión, a mediados de los años veinte, había roto el código de silencio de la *omerta*. Al parecer, había cooperado con la policía para ayudar en una investigación sobre un distribuidor de drogas. Sin embargo, el respeto que inspiraba Luciano se mantuvo intacto en gran medida, incluso después de que el capo ingresara en prisión. A pesar de que el caso de Dewey contra Luciano no era en absoluto condenatorio a nivel técnico, Lucky estaba metido en problemas. Resultó ser un gran error permitir que Luciano subiera al estrado de los testigos, y muy probablemente fueron los propios nervios y la incomodidad de Luciano los que le condenaron. En junio de 1936, el jurado votó a favor de la condena por prostitución y Charles "Lucky" Luciano fue sentenciado a entre 30 y 50 años de prisión.

Luciano había sido encerrado durante décadas y Dewey se había convertido en el centro de atención nacional. Exactamente como sugirió el equipo legal de Luciano, Dewey obtuvo un enorme beneficio profesional y de reputación con el veredicto de culpabilidad. Llegó a ser Gobernador de Nueva York e incluso dirigió una exitosa campaña para la nominación presidencial republicana durante la Segunda Guerra Mundial (como era de esperar, sin embargo, el demócrata Franklin D. Roosevelt ganaría, alzándose con su cuarta victoria presidencial consecutiva). Incluso sirvió de base para un personaje principal en la película de 1937 *La Mujer Marcada*, interpretado por la leyenda de la interpretación Humphrey Bogart. El hombre era ahora famoso, y todo se derivaba de un juicio muy debatido hasta hoy. No cabe duda de que Luciano era un delincuente y merecía ir a la cárcel, pero los hechos por los que fue juzgado siguen siendo controvertidos. La de Luciano no fue la única historia que no cuadraba, y muchos de los testigos de Dewey declararon sin duda por miedo a ser ellos mismos encarcelados. Independientemente de que lo hicieran bajo coacción de los matones de la Mafia, cabe destacar que la mayoría de los testigos clave del juicio acabaron retractándose de sus testimonios algún tiempo después de la condena.

Luciano había sido enviado a la penitenciaría Clinton de Nueva York, en la localidad de Dannemora, un centro de máxima seguridad. Su vida no para nada dura, y se dice que la vida de Luciano era lo más parecido a la realeza que era posible en prisión. Es probable que muchos guardias y funcionarios de prisiones temieran represalias si se le trataba con dureza; sus credenciales criminales eran conocidas en todo el país a estas alturas. Luciano debía permanecer allí hasta 50 años, lo que bien podría haber significado que moriría en prisión. Pero ese no fue el destino de Luciano.

Continuaría su fascinante vida durante la Segunda Guerra Mundial. En 1942, Luciano y la Marina de los Estados Unidos mantuvieron reuniones, facilitadas en parte por Meyer Lansky, socio de Luciano. En aquel momento, los militares estaban preocupados por la posible infiltración del Eje en el país a través del muelle de Nueva York, uno de los principales puntos de entrada de inmigrantes europeos. También sabían que la organización, de la que Luciano seguía siendo el líder, dominaba esta zona. A cambio de información, el gobierno ofreció a Luciano salir de prisión. Tras el final de la guerra, Luciano fue puesto en libertad, pero con la condición de que fuera deportado y permaneciera en Italia. Luciano fue puesto en libertad en 1946, y desde la cárcel fue a Sicilia, a Cuba y de nuevo a Sicilia, continuando con su vida mafiosa todo el tiempo. Finalmente murió en Nápoles de un ataque al corazón en 1962.

Luciano siguió siendo el jefe oficial de la Familia Luciano durante todo el tiempo que pasó en prisión. Pero, a pesar de su relativa libertad y comodidad dentro de los muros de la prisión, era obviamente incapaz de dirigir las operaciones cotidianas de la organización. Así que, Luciano recurrió supuestamente a su subjefe, Vito Genovese. Genovese era aliado de Luciano desde hacía mucho tiempo y había estado a su lado durante la guerra de Castellammarese y la toma del control de Sal Maranzano. Genovese, técnicamente sólo un jefe en funciones que ocupaba el lugar de Luciano, tenía ahora el control de la organización que pronto llevaría su nombre. Pero su poder se vio amenazado casi de inmediato.

CAPÍTULO 4
DON VITO

El hombre que da nombre a la Familia Genovese había llevado una vida fascinante y turbulenta, especialmente tras su nombramiento inicial como jefe en funciones de Lucky Luciano. Desde sus comienzos en los alrededores de Nápoles hasta ser un matón de poca monta en la Pequeña Italia, Vito fue escalando peldaños en la Mafia, siendo un hombre de confianza durante la prohibición y varias guerras de la Mafia. Genovese acabó asumiendo el mando en ausencia de Luciano, quien se vio obligado a abdicar, trabajó en ambos bandos durante la Segunda Guerra Mundial y, finalmente, regresó triunfante como capo del hampa neoyorquina. En este capítulo se detalla la vida de uno de los gánsteres más importantes de la historia criminal de Nueva York, y el reciente libro de Anthony DeStefano *El Mortal Don* (2021) nos ofrece una nueva perspectiva de la vida del capo de Nápoles.

El Don Napolitano

Vito Genovese nació en 1897 en una subdivisión de la ciudad de Tufino, llamada Ricigliano. Nacido a sólo 30 kilómetros de Nápoles, Genovese fue el primer jefe no siciliano de la familia que Giuseppe Morello había formado décadas antes. Además, a diferencia de muchos mafiosos más antiguos, incluido Morello, Genovese no abandonó el viejo país debido a procesos penales derivados de actividades mafiosas anteriores. Vito abandonó Italia cuando tenía apenas unos 15 o 16 años, sin antecedentes conocidos de participación en el crimen organizado. Tras llegar a bordo del SS Taormina en 1913, Vito y su familia se instalaron en el barrio italiano de Manhattan, adonde su padre había emigrado ocho años antes. Es posible que la familia huyera debido al reciente aumento de la actividad del Vesubio, el famoso volcán que arrasó Pompeya. Muchos en la cercana Nápoles temían una erupción. Sin embargo, lo más probable es que la madre de Vito intuyera que se avecinaba un gran conflicto europeo y temiera por la seguridad de sus hijos. Por supuesto, estaba justificada: La Primera Guerra Mundial estallaría sólo 14 meses después de que el adolescente Vito llegara a Nueva York.

De joven, en la Pequeña Italia, el futuro jefe sólo tardaría unos años en dedicarse a la delincuencia. Se dedicó sobre todo a pequeños hurtos y robos, pero también llegó a ser conocido por varios mafiosos por servir de chico de los mandados. Esta última era una práctica bastante habitual en las zonas controladas por la mafia. Una de sus principales responsabilidades era llevar las rutas de los números, que consistía en recorrer el barrio y recaudar el dinero de las apuestas para la lotería italiana de la Mafia. En 1917, cuando Vito sólo tenía 19 años, fue detenido por primera vez. El cargo era posesión ilegal de un arma de fuego, y el joven Genovese se declaró culpable. El adolescente fue condenado, pero las circunstancias y el clima de la Primera Guerra Mundial ofrecieron potencialmente una oportunidad a Vito. El gobierno de Estados Unidos intentó reclutarlo.

Creyendo que el servicio militar le facilitaría el acceso a la ciudadanía, Genovese estaba ansioso por alistarse. Vito fue enviado a una base militar de Nueva York para ser evaluado, aparentemente con la intención de luchar en el extranjero. Afortunadamente para Vito, la Primera Guerra Mundial estaba llegando a su fin. Cuando el alto el fuego entró en vigor a finales de 1918, Vito aún no había sido desplegado, y la guerra terminó oficialmente antes de que Vito sirviera un solo día en el extranjero. En cambio, la Segunda Guerra Mundial si serían unos años mucho más agitados para el Genovese adulto.

Durante los años siguientes, Vito tuvo muy pocos problemas con la ley. Aparte de otra detención por asesinato un año después de su encarcelamiento inicial, que resultó ser una falsa alarma, Vito consiguió mantenerse fuera del radar de la policía de Nueva York durante años, hasta que cumplió 26 años. En ese momento, Genovese se había involucrado en el lucrativo negocio del contrabando, y sin duda estaba asociado con hombres de la Mafia. En mayo de 1924, un vehículo en el que Genovese viajaba como pasajero sufrió un violento choque. En una época en la que las normas de seguridad de los vehículos eran mínimas, Vito, de 26 años, salió despedido del auto cuando éste se estrelló contra un árbol a gran velocidad. Vito resultó gravemente herido, pero sobrevivió. Desgraciadamente, cuando llegaron los servicios de emergencia se encontraron varias armas junto al auto.

Según la policía de Nueva York, Genovese y sus tres socios huían de alguien, casi con toda seguridad un contrabandista rival y sus matones. La policía relacionó el incidente con un tiroteo anterior en Manhattan relacionado con el contrabando de licores, y creyó que acababa de producirse un enfrentamiento similar en Coney Island, del que Vito y sus compañeros se vieron obligados a huir. En el lugar del accidente, la policía encontró a Vito herido, a otro pasajero muerto (que había impactado directamente con el árbol contra el que había chocado el auto) y el conductor estaba desaparecido.

La policía amenazó a Genovese con acusarle de homicidio vehicular, probablemente para que confesara. Al darse cuenta de que no había forma de que se mantuviera en los tribunales (porque, por supuesto, Genovese no había estado conduciendo esa noche), ni Genovese ni sus socios dijeron una palabra sobre lo que había sucedido. La apuesta de Genovese dio sus frutos, y se le retiraron los cargos una vez más. Su historia nunca cambió. Según el propio Genovese, él y sus compañeros simplemente habían ido a cenar y a pasar una noche en Coney Island. Cuando volvían a casa bajo la lluvia, "de repente" el auto se desvió y chocó contra un árbol (DeStefano, 2021). Aunque la policía obviamente no se lo creía, no había pruebas concretas de que Vito hubiera cometido ningún crimen, a pesar de las armas descubiertas por la policía. De hecho, Genovese tendría suerte en varias acusaciones de posesión de armas a lo largo de su vida, e incluso fue acusado de asesinato en 1925. Siempre parecía escabullirse de las manos de la policía de Nueva York.

Cuando esto ocurrió, Genovese ya trabajaba casi con toda seguridad a las órdenes de "Joe el Jefe" Masseria. Genovese estaba involucrado en el contrabando junto con otros gánsteres, la mayoría italianos. Joe Masseria era el capo italiano del contrabando, especialmente después del asesinato de D'Aquila en 1928. Al fin y al cabo, el contrabando era la industria ilícita más rentable de la época (se calcula que sólo en Nueva York funcionaban 30.000 bares ilegales durante la prohibición). Junto con Al Capone, Frank Costello, Gaetano Reina y Lucky Luciano, Vito Genovese aprendió los trucos de la vida mafiosa bajo la tutela de Masseria, que sin duda había introducido en la Mafia a algunos de los gánsteres más famosos de la historia. Siendo aún un subordinado, Vito no tenía ni idea de que ahora formaba parte de la organización que gobernaría y a la que prestaría su nombre en las próximas décadas.

Mientras trabajaban a las órdenes de Masseria, el trío Luciano-Costello-Genovese también empezó a trabajar con gánsteres judíos. Entre ellos estaba Meyer Lansky, uno de los socios más fiables de Luciano durante todo su reinado. Arnold Rothstein, otro gánster judío, también desempeñó un papel decisivo. Conocido por su intelecto, Rothstein fue fundamental para guiar a Luciano y sus secuaces en la logística del contrabando de licor. Los tres hombres pronto iniciarían su propia operación de contrabando, financiada en gran parte por Rothstein. Este era un tema común en la Mafia: los gánsteres judíos, apreciados por su destreza intelectual y sus conocimientos financieros, se utilizaban a menudo para financiar proyectos y planificar el funcionamiento eficaz de los negocios y fraudes. Sin embargo, dentro del trío, Costello era considerado el cerebro de la operación. Costello organizaba el envío y almacenamiento de licor ilegal en la llamada "Rum Row", la costa este donde se introducían los cargamentos de licor de contrabando en Estados Unidos. Costello también supervisaba la condición clave del contrabando: Pagar a agentes de policía y funcionarios municipales para que hicieran la vista gorda.

Costello se convertiría en una figura relativamente conocida durante la prohibición (curiosamente, aunque el personaje de Vito Corleone en *El Padrino* se inspiró en una amalgama de distintos gánsteres, fue Costello quien aportó el carácter sabio y de anciano estadista que encarnaría el personaje de Corleone). En su trabajo con gánsteres judíos (e irlandeses), Costello se convirtió en un hombre extremadamente rico, que utilizó para potenciar su propia posición. En el gran esquema de las cosas, Costello está ciertamente eclipsado por Luciano y Genovese, pero su trabajo durante esta época no puede subestimarse. Costello tenía establecimientos por toda la ciudad de Nueva York para almacenar y distribuir el licor que había introducido de contrabando a través del puerto. No hace falta decir que era un objetivo. Genovese, sin embargo, mantuvo un perfil relativamente bajo durante la prohibición, posiblemente como resultado de su escandaloso número de encontronazos con las fuerzas del orden durante sus primeros años. Esto dio sus frutos: Costello y sus socios de mayor rango se enfrentaron a numerosos cargos por contrabando, pero no Genovese. En algunos casos, esto dejó a los contrabandistas, algunos de los cuales habían amasado una fortuna de decenas de millones de dólares, en la más absoluta bancarrota.

Mientras tanto, Genovese seguía obteniendo grandes beneficios de sus operaciones, pero manteniendo un bajo perfil sin atraer atención legal. También había empezado a incursionar en el negocio de la falsificación, una de las actividades más antiguas de la Mafia en Estados Unidos, que se remonta a la red de falsificación de moneda transatlántica de Giuseppe Morello. Genovese operaba principalmente con certificados de oro, una forma de moneda legal en Estados Unidos hasta mediados de la década de 1930. Esto también resultó muy rentable para Vito, y la altísima calidad de los billetes que producía su operación conmocionó al gobierno estadounidense hasta Washington D.C.

Sin embargo, la ausencia de Genovese de los titulares de los medios de comunicación y de las mentes de las fuerzas del orden pronto llegaría a su fin. En mayo de 1930, los agentes federales llevaron a cabo una redada en uno de los centros de falsificación en los que participaba Genovese. Los agentes encontraron en el edificio material suficiente para producir más de 4.000 millones de dólares. Genovese no estaba presente en el centro de falsificación en el momento de la redada, pero esto no fue *precisamente* un golpe de buena suerte. Genovese seguía implicado en el delito de manejar la imprenta que producía los billetes falsos, y acabó siendo nombrado en varios de los cargos presentados contra los falsificadores. Los tres socios de Genovese que se encontraron en el edificio durante la redada se declararon culpables. Genovese, sin embargo, era un cliente más difícil. No por su coartada inquebrantable, ni por su astuto equipo legal, ni por la fiabilidad de los testigos de la defensa. Fue porque la fiscalía literalmente no pudo encontrarlo. Tras varias persecuciones exhaustivas de Vito, la fiscalía acabó dándose por vencida y el tribunal desestimó los cargos de asociación ilícita, falsificación y conspiración.

Aunque Vito evitó ser condenado una vez más, ya no podía mantener su discreta reputación. Tras más de una década de actividad delictiva, Vito recibió por fin la atención de los medios de comunicación que probablemente ya merecía años antes. Los titulares de los periódicos le identificaban como un poderoso y peligroso líder mafioso. Pronto se haría un nombre aún mayor, ya que el tiempo de Joe Masseria como *capo di tutti capi* se acercaba a su fin. Gaetano Reina, otro de los mafiosos más jóvenes asociados con Genovese y que trabajaba a las órdenes de Masseria, fue asesinado a tiros a principios de 1930 por orden de Masseria. Al parecer, lo hizo en represalia porque Reina se negó a entregar a Masseria una parte aún mayor de los beneficios de sus negocios, una petición que muchos de los subordinados del jefe ya consideraban agresiva. Fue este movimiento el que, en parte, animó a Genovese, Luciano, Costello y Bonanno a actuar contra Masseria. Tras presenciar el evidente cambio de marea en la rivalidad entre Masseria y Maranzano, este grupo de mafiosos americanizados se pasaron al bando del jefe de Castellammarese.

La historia de Luciano y compañía bajo el mando de Maranzano ya se ha detallado. Aunque se ha establecido que Luciano veía a Maranzano como un problema aún mayor que Masseria, se debate cuál fue el principal factor que motivó la decisión de Luciano de actuar contra el nuevo jefe. Algunos afirman que fue la secta judía de gánsteres, estrecha aliada de Luciano, la que convenció a Lucky de que la única opción era eliminar a Maranzano. También es posible que Luciano se sintiera muy molesto por la actitud hostil de Maranzano inmediatamente después del final de la Guerra de Castellammarese. Luciano, que siempre buscó la armonía en los bajos fondos de la Mafia, esperaba un periodo duradero de paz y prosperidad tras su antagonista Masseria fuera eliminado. Sin embargo, muchos mafiosos cercanos a Luciano afirmaron haber oído, directamente o de chismorreo, que Maranzano se estaba preparando para otro gran conflicto mafioso. Al darse cuenta de que la única competencia real que le quedaba por eliminar era él mismo y su banda, es probable que Luciano decidiera más pronto que tarde que había que ocuparse de Maranzano. En cualquier caso, Luciano se alzaría con la victoria final, con los fieles y fiables Vito Genovese y Frank Costello como su segundo al mando y su asesor personal, respectivamente.

Así como los primeros años de la década de 1930 fueron una época de grandes cambios en la vida profesional mafiosa de Genovese, también fueron una época extraña y turbulenta en su vida personal. Su primera esposa, Donata, había muerto en 1931, y Vito se interesó rápidamente en otra mujer, Anna Petillo. En ese momento, Anna estaba casada con un gánster de poca monta llamado Gerardo Vernotico. La historia que rodea a estos tres individuos es confusa y sospechosa. Se desconoce si Genovese tuvo realmente algo que ver con el asesinato de Vernotico, pero los hechos del caso hablan por sí solos. Solo tres meses antes de que Genovese y Petillo se casaran, el anterior marido de ella fue encontrado muerto en una azotea de Nueva York. Esto no fue un golpe ordinario de la Mafia. Las circunstancias sugieren que pudo tratarse de un crimen pasional: el cuerpo de Vernotico fue encontrado atado, brutalmente golpeado y con un dispositivo de estrangulamiento alrededor del cuello. La policía de la época estaba convencida de que Vernotico había sido torturado. Vito tenía ahora una nueva esposa. Y resulta que era su prima lejana, por si sirve de algo el dato.

Mil novecientos treinta y cuatro fue otro año importante para Genovese. En primer lugar, se trasladó con su nueva familia (formada por su nueva esposa, los hijos de ella, sus propios hijos y, con el tiempo, los hijos de ambos) fuera de Manhattan, que era la principal zona de operaciones de Vito y donde se encontraba su cuartel general criminal. Al parecer, queriendo que sus hijos experimentaran la vida fuera de "la ciudad", se trasladaron a una mansión en Middletown Village, un estado más allá, en Nueva Jersey. Sin embargo, nunca estuvo demasiado lejos de la acción y mantuvo una segunda residencia en Nueva York.

En 1932, la prohibición dejó de ser una ley federal. La principal fuente de ingresos de la Mafia iba a quedar completamente desbaratada, y muchos volvieron rápidamente a sus antiguos negocios, como el juego y la prostitución, ambos relegados a espectáculos secundarios durante la época de la prohibición. El propio Genovese empezó a realizar algunos fraudes, como juegos de cartas amañados. En 1934, un gánster de bajo nivel llamado Ferdinand Boccia, con quien Genovese ya había tenido algunos roces negativos, entró en conflicto con Genovese y su banda. Tras organizar una rentable estafa para Genovese con el fin de ganarse el favor del ahora muy poderoso mafioso, empezó a acosar a la banda para obtener una parte de las ganancias. Francamente, Boccia se convirtió en una molestia para Genovese, que le había retenido una parte justa de los beneficios. Así que, Genovese decidió matar a Boccia y autorizó el golpe. Boccia fue asesinado en septiembre de 1934. Los asesinatos eran parte integrante de la vida de la Mafia y la mayoría de las veces, había pocas o ninguna consecuencia. Pero este asesinato pronto volvería para atormentar a Vito. En 1936, Lucky Luciano, que había sido el máximo jefe de la Mafia desde el asesinato de Maranzano, fue enviado a prisión.

Exilio

Tras el encarcelamiento de Luciano, el segundo al mando, Vito Genovese, fue el elegido para desempeñar el papel de jefe en funciones. Según las reglas (relativamente flexibles) de la Mafia, un jefe sólo perdía su puesto por asesinato o abdicación—es decir, debía morir o dimitir. Como Luciano no había hecho ninguna de las dos cosas, seguía siendo el jefe titular de la Familia Luciano, mientras que su designado se encargaría de las operaciones cotidianas. Por desgracia, Genovese seguiría los pasos de Luciano demasiado de cerca. Tras una sorprendente racha de buena suerte y numerosas veces que pudo evitar los cargos, Genovese tendría que dar la cara. O algo así.

Con Luciano fuera, Dewey volvió su atención a Costello y Genovese, el último de los cuales ya no estaba disfrutando de la buena vida libre de la atención pública. De hecho, fue Dewey quien reveló públicamente el hecho de que Genovese era el sucesor oficial del "enemigo público número uno", Lucky Luciano, en un caso que perseguía a Genovese y a multitud de sus compañeros, incluido Costello. Mientras el caso construido contra Costello no daba furtos, cada vez era más probable que Genovese se enfrentara finalmente a un cargo del que no podía escapar: El asesinato en 1934 de Ferdinand Boccia, socio de Genovese en una estafa de alto nivel en un juego de cartas.

En 1937, solo unos meses después de haberse convertido en ciudadano de los Estados Unidos, Genovese huyó del país para escapar de la cruzada de Dewey. No se sabe exactamente cuándo huyó de su finca de Nueva Jersey a Italia, su país natal, pero tuvo que ser antes de finales de febrero, cuando su querida casa en el campo ardió hasta los cimientos en circunstancias bastante sospechosas. Una vez que se extinguieron las llamas, lo que supuso un agotador esfuerzo de varias horas por parte de los bomberos, las autoridades declararon que Genovese se encontraba en ese momento de vacaciones en Europa y había dejado la caldera encendida durante toda su ausencia. No se pudo salvar casi nada en la propiedad.

Aparentemente, Genovese fue acompañado por su esposa, que regresó a su casa en Nueva York/Nueva Jersey para ocuparse de sus hijos, que eran numerosos. Genovese, sin embargo, permaneció en Italia y fijó su residencia en su provincia natal de Nápoles. Por casualidad, Genovese se marchó de "vacaciones" con unos 750.000 dólares estadounidenses en efectivo y millones más en cartas de crédito. Un hombre como Genovese no pasaría su exilio en la pobreza, por supuesto. Michele Miranda, co-conspirador con Genovese en el asesinato de Boccia, también había huido a Italia después de que sus propios cargos fueran retirados, todavía temiendo la persecución de Dewey. Los dos hombres se habían encontrado una vez más en el viejo país.

Aunque Genovese estaba muy lejos de su base de operaciones y fuente de ingresos, la cultura política italiana de la época presentaba nuevas y tentadoras oportunidades para los gánsteres dispuestos. Irónicamente, el mismo dictador que había provocado un éxodo masivo de mafiosos de Italia en la década de 1920 estaba ahora a cargo de un refugio para los que huían de Estados Unidos: Benito Mussolini, que dirigía el país desde 1922. Mussolini seguía manteniendo oficialmente una línea dura respecto a las actividades de la Mafia, incluso después de su declaración de 1927 de que sus fascistas habían liberado a Italia, sobre todo a Sicilia, de la amenaza mafiosa. Mussolini, sin embargo, seguía siendo un político, y se puede confiar en que los políticos se salten las normas y abandonen sus principios cuando su situación así lo amerita. El gobierno fascista italiano necesitaba dinero y comprendió que había mucho que hacer en los mercados técnicamente ilegales. Genovese, que pronto se había enredado en el tráfico de estupefacientes de Italia, creyó sabiamente que, si se hacía indispensable para el gobierno, podría operar y prosperar en un entorno que era increíblemente hostil para gente como él. Genovese disponía de mucho capital inicial mientras estaba en Italia, considerablemente complementado por los viajes rutinarios de su esposa Anna para entregar más dinero y su participación en el narcotráfico italiano. A Mussolini y a su gobierno le vendría bien ese dinero.

Así fue como Vito Genovese, uno de los principales mafiosos del mundo, empezó a financiar parcialmente a los aliados fascistas de los nazis alemanes en Italia. Genovese se había congraciado con muchos fascistas de alto nivel dentro del gobierno italiano, incluido el propio Mussolini, así como su ministro de Asuntos Exteriores (y yerno) Galeazzo Ciano. Es probable que este último incluso recibiera drogas de Genovese. A cambio de financiación y favores, el gobierno italiano permitió a Genovese prosperar con protección de alto nivel. Con el tiempo, los fascistas italianos le concedieron premios, galardones y títulos. Con la amenaza de una nueva guerra mundial en el horizonte, Genovese se había atrincherado en el lado equivocado de la historia.

Él continuó operando tras el estallido de la guerra. Genovese mantuvo una relación amistosa y de cooperación con Mussolini y sus fascistas hasta que se volvió obviamente inoportuno hacerlo. Ese momento llegó alrededor del verano de 1943. A principios de año, un escándalo sacudió Manhattan. El inmigrante italiano Carlo Tresca, que había fijado su residencia en Estados Unidos casi dos décadas antes del ascenso de los fascistas italianos, fue asesinado a tiros poco después de salir de su oficina en Manhattan. Tresca había dirigido un semanario socialista en Italia y estaba muy implicado en los sindicatos. En una época en la que los socialistas eran mirados con recelo o perseguidos activamente en todo el mundo, Tresca llegó a temer que su disidencia política y su agresiva defensa le llevaran a la cárcel. En 1904 huyó del país.

Durante su estancia en Estados Unidos, Tresca continuó su activismo socialista como editor de una importante publicación italoamericana. Por supuesto, socialistas y fascistas han sido históricamente enemigos acérrimos. Tras el ascenso de Mussolini, Tresca empezó a editar una publicación explícitamente antifascista, llamada *Il Martello*, o "El Martillo", probablemente un doble sentido que simbolizaba, por un lado, su retórica agresiva y, por otro, un guiño al símbolo comunista consistente en una hoz y un martillo. Su trabajo en Estados Unidos fue muy conocido debido a que le hicieron mucha publicidad, y rápidamente atrajo la ira de Mussolini. En 1943, cuando la opinión pública ya se había vuelto contra él, las calumnias de Tresca se habían convertido, al parecer, en una espina importante para el dictador italiano.

Las motivaciones del asesinato de Tresca son muy discutidas. Pero, según muchos historiadores que hablan del crimen (y, en concreto, especialistas en la mafia), está claro que Genovese utilizó sus amplios contactos en Nueva York para organizar el asesinato de Tresca. La motivación obvia es que Genovese, en aquel momento, todavía estaba interesado en mantener la buena voluntad de Benito *"Il Duce"* Mussolini. Un movimiento como este ciertamente habría aplacado a un megalomaníaco como Mussolini, y por lo que sabemos, él y Genovese todavía gozaban de la buena voluntad del otro. Pero esto pronto cambiaría.

El férreo control de Mussolini sobre Italia parecía cada vez menos sostenible a medida que se acercaba la mitad de 1943. A estas alturas, los italianos de todo el país y del extranjero estaban increíblemente resentidos con Mussolini por su participación en la Segunda Guerra Mundial. A pesar del éxito de los primeros años de Mussolini en la unificación del país bajo la bandera fascista, Italia seguía siendo pobre. Mucha gente en todo el país estaba oprimida y agotada. Lo último que querían era una guerra, que exigiría el reclutamiento de innumerables jóvenes. Pero el clima político de la época exigía que Mussolini apoyara a su aliado alemán, Adolf Hitler. Así pues, el ejército italiano fue enviado al norte de África y al frente oriental en Rusia. Ambas campañas fueron un completo desastre, y Mussolini tenía que responder ante su propio pueblo.

El desastre llegó en julio de 1943. El ejército de Estados Unidos, dirigido en aquel momento por el famoso general George Patton, había desembarcado sus fuerzas de invasión en la isla de Sicilia, situada directamente al sur del territorio continental italiano. En poco más de un mes, el ejército italiano fue completamente derrotado y Sicilia quedó bajo el control de las fuerzas aliadas. Pero antes de que esto ocurriera, el consejo fascista italiano había celebrado una votación sobre la capacidad de liderazgo de Mussolini. El resultado fue preocupante para Genovese: El gobierno italiano había perdido toda confianza en *Il Duce*, el principal protector y aliado de Genovese en Italia. Mussolini fue destituido de su cargo al frente del gobierno italiano y fue arrestado. Más tarde sería ejecutado y su cadáver desfigurado.

El imperio criminal que el capo napolitano había construido en Italia estaba ahora en peligro. Pero era un oportunista. Con los Estados Unidos todavía luchando en la guerra, es poco probable que tomaran medidas contra su red de narcotraficantes a corto plazo. Aun así, Genovese era un oportunista, y vio una oportunidad para abandonar el partido Fascista y alinearse con los vencedores: Las fuerzas americanas. Después de la caída de Sicilia, el ejército de EEUU se movió rápidamente por la península italiana, alcanzando la provincia de Napoli en el otoño de 1943. A Genovese no le tomó mucho tiempo hacer su movida. El "gobierno" a cargo en ese momento era conocido como el Gobierno Militar Aliado de los Territorios Ocupados (AMGOT). El AMGOT estableció aparatos de gobierno a medida que avanzaban por territorio enemigo y tomaban el control. En Nola, la ciudad napolitana desde la que había estado operando, Genovese ofreció toda su ayuda a la oficina local del AMGOT. Genovese hablaba con fluidez tanto el italiano como el inglés, y era ciudadano estadounidense, lo que le convertía en un aliado atractivo para ser utilizado como intérprete. La AMGOT, que estaba desesperada por controlar la escalada de la situación en la ciudad de Nápoles y que en aquel momento desconocía por completo quién era Genovese, no tardó en solicitar su ayuda.

En un principio, Genovese sirvió de enlace entre el gobierno militar y la población de Nápoles, que había estado sufriendo bombardeos, escasez de alimentos y agua, causados por políticos corruptos. Al parecer, Genovese se encargaba de mantener informados a los napolitanos para que no se sublevaran ni protestaran, y a su vez de comunicar las quejas del pueblo quejas a la AMGOT. El gobierno militar estaba preocupado por el malestar de la población hambrienta, pero también era preocupante el evidente aumento de la actividad del mercado negro. Bajo el reinado de Mussolini, se dio mucha publicidad a la muerte de la mafia, por lo que el auge del crimen organizado tras su caída fue relativamente inesperado. Aún más inesperado fue el hecho de que tuvieran a su servicio al mayor extorsionador de Italia en aquel momento. Después de todo, la tendencia de los mafiosos a llevar consigo un barniz de profesionalidad, combinada con el hecho de que se pensaba que la Mafia era completamente irrelevante en Italia, hizo que fuera sorprendentemente fácil para los militares estadounidenses ser engañados por hombres como Genovese.

Finalmente, los militares empezaron a tomarse en serio la amenaza del crimen organizado. Se amplió la división encargada de descubrir las actividades delictivas en los territorios ocupados. Una de sus incorporaciones fue un oficial de inteligencia llamado Orange Dickey, que se convertiría en una especie de cruzado a lo Dewey, pero con un alcance mucho menor. Dickey estaba a cargo de las investigaciones tanto en Nápoles como en Nola, de la que sabía que era un epicentro de la actividad de los bajos fondos. El hecho de que este fuera el hogar de Genovese era poco probable que fuera una coincidencia. Los primeros éxitos de la campaña no fueron contra los mafiosos de los que trata esta historia. Más bien, se descubrió a docenas de soldados del ejército, muchos de los cuales habían sido declarados AWOL (ausentes sin permiso), que habían empezado a obtener beneficios extra trabajando con gánsteres locales en la zona de Nápoles. También se detuvo a italianos. Fueron estos hombres los que eventualmente pondrían a Dickey sobre la pista de Genovese.

Uno de los italianos arrestados durante esa investigación, aparentemente había nombrado a Genovese como el hombre detrás de la cortina. Dickey pronto se enteraría del alcance de la actividad criminal de Genovese en Italia, así como de su sospechosa relación con el régimen de Mussolini. La investigación contra Genovese estaba ahora en pleno apogeo. Tras una necesaria pausa en la investigación debido a la esperada erupción del Vesubio, Dickey volvió a ponerse manos a la obra y, a través de multitud de informantes, había conseguido averiguar que Genovese tenía un historial delictivo mucho más largo de lo que se esperaba y que, casi con toda seguridad, era miembro de la mafia estadounidense. Dickey estaba ansioso por arrestarlo, a pesar de la apatía de sus superiores. El único problema era que Genovese, una vez más, no podía ser encontrado.

A mediados de 1944, después de que Genovese reapareciera brevemente para obtener un permiso de viaje, Dickey hizo su jugada. Él y sus hombres arrestaron a Genovese, y una vez más se encontró al jefe portando múltiples armas de fuego. Su vivienda fue registrada más tarde, y al igual que Luciano, los gustos inexplicablemente caros de Genovese le meterían en un lío muy complicado. Un hombre supuestamente recto que había estado dispuesto a echar una mano al ejército no podía justificar que viviera en semejante opulencia mientras el pueblo italiano se debatía en una pobreza extrema en tiempos de guerra.

Genovese estaba ahora detenido en Italia, pero los problemas se estaban gestando en su país. La investigación del asesinato de Boccia, que había sido la razón inicial por la que Genovese huyo en primer lugar, había estado progresando. Casi al mismo tiempo de su arresto en Italia, Genovese había sido implicado en el asesinato. La pelota estaba en el terreno de Dickey, y el tenaz investigador empezó a atar cabos.

Regreso a Nueva York

Dickey no tardó mucho en atar cabos y darse cuenta de que el hombre que tenía bajo custodia por cargos de crimen organizado y posesión de armas era el mismo mafioso que había sido recientemente acusado del asesinato de Ferdinand Boccia en 1934. Dickey había decidido acusar a Genovese y enviarlo de vuelta a Nueva York para ser juzgado allá. Sin embargo, hubo una resistencia considerable por parte de algunos de los altos mandos, que no veían el sentido de gastar recursos para procesar o deportar a Genovese. Al fin y al cabo, todavía había una guerra que ganar y una situación interna volátil que amenazaba con descontrolarse.

Genovese estaba desesperado. Supuestamente, ofreció a Dickey un cuarto de millón de dólares para que simplemente hiciera caso a sus superiores, que al parecer habían insistido en que Dickey se limitara a ignorar a Genovese. Pero Dickey estaba decidido y, al parecer, era incorruptible—la pesadilla de cualquier mafioso. Rechazó el soborno, ignoró a sus jefes y continuó presionando para conseguir la extradición de Genovese a Nueva York. Los intentos de soborno de Genovese contra otros oficiales del ejército dieron resultados igualmente decepcionantes. Finalmente, la incesante insistencia de Dickey dio sus frutos. Genovese iba a ser enviado fuera de Italia para enfrentarse al sistema judicial de Estados Unidos.

A principios de junio de 1945, Vito Genovese desembarcó en el puerto de Nueva York, escoltado por el mismo Orange Dickey en persona. Genovese fue procesado al día siguiente para el juicio por el asesinato de Boccia. Genovese también descubrió que era un gánster llamado Ernie Rupolo. Rupolo tenía una historia con Genovese que se remontaba a algunos años atrás, pero Rupolo tenía sus propios problemas. Amenazado con una condena por asesinato, Rupolo se volvió loco e implico a Genovese para salvarse. Su testimonio fue sólido y la fiscalía tenía un par de testigos fiables para corroborar el relato condenatorio de Rupolo. Parecía que Genovese ahora sí estaba acabado.

Peter LaTempa y Jerry Esposito fueron los testigos que testificaron contra Genovese a su regreso. Desafortunadamente para Dickey, a pesar de todos sus esfuerzos para forzar a Genovese a enfrentarse finalmente a las consecuencias de sus acciones, LaTempa y Esposito fueron encontrados muertos antes de que pudieran dar su testimonio. LaTempa fue el primero en caer, encontrado muerto en una celda mientras estaba bajo protección policial. En junio de 1946, casi exactamente un año después de que Genovese regresara a Nueva York, Esposito fue encontrado muerto a tiros en una calle de Nueva Jersey. No hace falta decir que el momento y las circunstancias de ambas muertes eran bastante sospechosas. Pero la fiscalía no podía hacer nada en ese momento, a la espera de las investigaciones de ambos asesinatos. Por el momento, era la palabra de Rupolo contra la de Genovese, y los tribunales se vieron obligados a desestimar su caso por falta de pruebas. Una vez más, Vito Genovese se había escabullido a través de las grietas del sistema legal, en gran parte ileso. Salió libre el 10 de junio de 1946.

Genovese fue acogido de nuevo en la familia de Luciano tras su accidentado exilio en Nápoles. Sin embargo, Costello no estaba dispuesto a permitir que Genovese volviera a Nueva York y reclamara el título de jefe en funciones. Esto es comprensible, ya que Costello había estado sirviendo fielmente a Luciano mientras Genovese se daba la gran vida en Italia, intimando con dictadores y oficiales del ejército. Willie Moretti, subjefe de Costello, tampoco estaba dispuesto a renunciar a lo que tenía ahora por su regreso. Así que Genovese se convirtió en *capo*, una gran degradación para el antiguo jefe y heredero. Siendo Genovese el hombre que era, esto no le cayó para nada bien.

Mientras Genovese esperaba su momento, el mundo de la Mafia seguía rodando. A finales de 1946, Meyer Lansky (bajo la dirección de Luciano), que ya se había establecido en el pequeño país insular, convocó una reunión mafiosa de alto nivel en La Habana (Cuba). El dictador cubano Fulgencio Batista había convertido Cuba en una especie de paraíso para los mafiosos, un lugar donde podían operar junto a un gobierno amigo. La isla era tan atractiva que el propio Luciano, a principios de 1946, se había trasladado en secreto a Cuba desde su Italia natal, donde había sido deportado tras la Segunda Guerra Mundial. Al tener prohibida la entrada en Estados Unidos, Luciano también buscaba acercarse a la acción y mantener el control sobre su organización. Cuba, después de todo, está a sólo 90 millas del extremo sur de Florida.

En la reunión, que llegó a apodarse la "Conferencia de La Habana" (casi con toda seguridad la inspiración para la reunión de La Habana de *El Padrino II* convocada por el gánster judío ficticio Hyman Roth, que se basaba en Lansky), se unieron a Lansky Luciano, Genovese, Costello y Anastasia, entre otros. Había varios asuntos oficiales que discutir, pero a Luciano le preocupaba personalmente otro asunto: La ambición de Vito Genovese. Luciano sabía bien que un hombre como Genovese no se conformaría con aceptar un descenso a un rango relativamente bajo. Además, Genovese se había enemistado con otros mafiosos al intentar entrar en su territorio y ampliar su propia base de poder. Temiendo que Genovese pudiera estar preparándose para la guerra, la agenda secreta de Luciano en la Conferencia de La Habana era reafirmarse como el "primero entre iguales" en el submundo de la mafia y evitar otro conflicto sangriento al estilo de Castellammarese. Genovese había estado enemistado con Albert Anastasia, jefe de la Familia Mangano, y para evitar que las dos facciones "se fueran al colchón", Luciano insistió mucho en que los dos gánsteres resolvieran sus diferencias allí mismo. Delante de las figuras más poderosas de la Mafia en Estados Unidos, Genovese estrechó la mano, aunque a regañadientes con Anastasia y prometió cooperación, enterrando oficialmente la enemistad. Si Genovese se hubiera retractado de la tregua y hubiera actuado agresivamente contra Anastasia, la respuesta de la Mafia hubiera sido masiva. Genovese fue forzado a controlar su ambición. Al menos por un tiempo.

La tensión entre Genovese y Luciano, sin embargo, estaba en su punto más alto. Genovese se sentía menospreciado por Luciano y creía que merecía el papel de Jefe en funciones en los Estados Unidos. Luciano, a su vez, desconfiaba firmemente de Genovese. Cerca del final de la conferencia en La Habana, Genovese sostuvo una reunión secreta con Lucky. Los relatos difieren en lo que realmente ocurrió. Una historia sostiene que Genovese había instado a Luciano a revivir el título de *capo di tutti capi* y reclamarlo él mismo, y permitir a Genovese operar la Familia en su lugar. Otros relatos afirman que Genovese en realidad quería que Luciano simplemente se retirara y sancionara oficialmente a Genovese como nuevo jefe indiscutible de su Familia. Algunos relatos dicen que Luciano rechazó a Genovese con calma, pero con firmeza. Otros dicen que Luciano se enfureció y arremetió contra él. Supuestamente perdiendo los estribos, Lucky golpeó brutalmente a Genovese, rompiéndole las costillas. En cualquier caso, estaba claro que no estaba preparado para entregar las riendas a un hombre en el que ya no confiaba.

Genovese había regresado a los Estados Unidos después de la conferencia y continúo operando como *capo* de su banda. Sin embargo, todo el submundo de la Mafia pronto se vería en el punto de mira. En 1950, el Senado de Estados Unidos creó una comisión para investigar el crimen organizado, concretamente el que cruzaba las fronteras estatales. En la época de La Comisión (no confundir con el comité del Senado), esto incluía gran parte de toda la actividad de la Mafia. Fue el senador demócrata por Tennessee, Estes Kefauver, quien encabezó la nueva comisión, y llamó a declarar en las audiencias a varios gánsteres destacados. Entre ellos estaban Mickey Cohen, Meyer Lansky, Frank Costello y su subjefe Willie Moretti. El comité también buscó sin descanso a Genovese para llevarlo también ante el tribunal, pero Genovese había eludido completamente a los investigadores. Sabía que irían por él. El trabajo de Kefauver y su comité tuvo muchos éxitos para la aplicación de la ley, que se analizarán en capítulos posteriores. Por ahora, lo importante es que el testimonio de Willie Moretti, uno de los principales miembros de la Familia Luciano, fue poco satisfactorio, al menos en lo que respecta a la Comisión.

Casi todos los gánsteres llamados a testificar en las Audiencias Kefauver permanecieron en silencio, negándose repetidamente a responder a las preguntas del comité. Moretti fue la notable excepción. Costello también parecía visiblemente nervioso, pero no ofreció mucha información que pudiera considerarse condenatoria. Moretti, que parecía cooperar con los miembros de la comisión, se mostró comparativamente muy receptivo cuando se le hicieron preguntas directas. Además, parecía divertirse inexplicablemente. A menudo contaba chistes y se reía de la situación, en claro contraste con el silencio estoico de la mayoría de los demás mafiosos. Su extraño comportamiento fue motivo de preocupación entre los dirigentes de la Familia Genovese, incluido el mismo Genovese. La Familia sabía que Moretti tenía sífilis, y ya había empezado a temer que avanzara hacia su cerebro. Después de ver cómo se comportó en las Audiencias Kefauver en 1950-51, había que hacer algo con el subjefe de Costello antes de que perdiera completamente las inhibiciones y empezara a soltar secretos a cualquiera que se lo pidiera.

La situación de Moretti exigía la intervención de la Comisión. El órgano de gobierno autorizó rápidamente su asesinato y puso un contrato abierto sobre su cabeza. En otoño de 1951, Moretti se encontraba en un restaurante de Nueva Jersey con un grupo de amigos. La identidad de estos hombres no es del todo segura, aunque es probable que fueran hombres de Albert Anastasia. La versión oficial es que eran los únicos clientes del restaurante en ese momento y que, cuando la camarera se marchó hacia la cocina y dejó a los hombres solos en el comedor, se oyeron disparos y Moretti fue encontrado muerto a tiros junto a su mesa. Moretti estaba solo, y sus acompañantes, que casi con toda seguridad eran los autores de los disparos, habían huido antes de que el personal del restaurante o las fuerzas del orden pudieran verlos. Un gánster llamado John Robliotto fue finalmente detenido por el crimen, pero el caso contra él simplemente vino abajo.

Dos asuntos más preocupaban a Genovese. En primer lugar, él y su esposa Anna estaban pasando por una mala racha. Anna llevaba años ayudando a Genovese en sus actividades delictivas y, al parecer, incluso dirigía algunas de sus operaciones mientras él estaba exiliado en Italia. Esto se sumaba a los viajes regulares que hacía el viejo continente para entregar dinero a su marido mientras estaba fuera. Sin embargo, algo había cambiado para ella. Mientras que Genovese parecía seguir profundamente enamorado de ella, en Anna había crecido un resentimiento hacia Genovese, y después de separarse, Anna solicitó el divorcio.

Lo que siguió fue una turbia batalla entre ambos, en la que Anna testificó públicamente sobre la vida personal de Genovese y sus supuestas aventuras extramatrimoniales. Genovese y su equipo habían llamado a sus propios testigos para intentar desacreditar las "descabelladas" afirmaciones de Anna, pero el daño ya estaba hecho. La actividad criminal también salió a relucir durante la disputa de la pareja, y tras las audiencias Kefauver, lo último que necesitaba la Mafia era más atención pública sobre ella. Este extraño desvío en la vida de Genovese, que finalmente se calmó en 1954, irritó a muchos otros mafiosos, que aparentemente estaban horrorizados con él por permitir que su crisis matrimonial personal se convirtiera en una noticia sensacionalista.

En segundo lugar, Genovese corría de nuevo el riesgo de ser deportado, esta vez a Italia. Como parte de las medidas enérgicas del gobierno contra el crimen organizado, y dado que los mafiosos eran a menudo difíciles de atrapar, probaron una nueva estrategia. Dado que muchas figuras prominentes de la Mafia sólo eran ciudadanos estadounidenses naturalizados, no de nacimiento, seguía existiendo la posibilidad de deportación. De este modo, el sistema judicial no tendría que pasar por el engorroso proceso de acusar y juzgar a los mafiosos, a menudo escurridizos, e intentar reunir testigos fiables antes de que los sicarios llegaran a ellos primero, sólo para que los cargos fueran desestimados tras meses de trabajo. Pero, ¿cómo iban a deportar a ciudadanos estadounidenses? Sólo si nunca fueron *legítimamente* ciudadanos.

Los agentes del gobierno empezaron a estudiar minuciosamente el historial y los antecedentes de algunos de sus principales objetivos mafiosos, tratando de encontrar pruebas de que habían falsificado sus documentos de naturalización. Dado que una de las primeras actividades de la Mafia en Estados Unidos fue la falsificación de documentos de inmigración, la idea de que algunos de estos hombres mintieran en sus propios documentos no era para nada descabellada. Genovese era uno de sus principales objetivos y, de hecho, mintió en sus documentos de naturalización. En sus documentos afirmaba que nunca había sido condenado por un delito, lo cual se sabía que era falso. También omitió sus casi 10 arrestos anteriores. Esto fue motivo de revocación de la ciudadanía y, en última instancia, de deportación.

En el invierno de 1954, Genovese tuvo que comparecer ante el tribunal para dar explicaciones. El objetivo de la acusación era simple: Demostrar que Genovese había mentido *intencionalmente* en sus documentos de ciudadanía. Genovese se vería en apuros para mantener que nunca había sido arrestado o acusado antes de firmar los documentos, por lo que su estrategia consistió en convencer al tribunal de que él, en ese momento, no creía que estuviera mintiendo o falsificando los documentos. A menudo dio respuestas vagas y a veces contradictorias a las preguntas del tribunal. También alegó que, al parecer, los funcionarios del gobierno que facilitaron su solicitud de ciudadanía ni siquiera habían preguntado a Genovese por delitos o arrestos menores, sino sólo por condenas por delitos graves. Debido al apresurado trabajo de los funcionarios, Genovese sostuvo que, si sus documentos eran de hecho inválidos, era culpa del despreocupado empleado del gobierno, no de él mismo. Por supuesto, Vito Genovese nunca querría mentir al gobierno.

Evidentemente, el tribunal no quedó convencido. Genovese perdió su ciudadanía estadounidense a pesar de todos sus esfuerzos. Aunque esto no significaba necesariamente que fuera a ser deportado (y si lo fuera, el proceso tardaría bastante tiempo en desarrollarse), sin duda valía la pena preocuparse por ello. El hombre que parecía tener un ángel de la guarda que lo protegía de las consecuencias de sus actos estaba ahora en su momento más vulnerable que nunca. Sin embargo, al menos a corto plazo, Genovese seguía ampliando su poder e influencia.

Costello tuvo mayores problemas que Genovese. Pasó algún tiempo en prisión como consecuencia de una condena por desacato al Congreso, se enfrentaba a una posible pérdida de la ciudadanía, al igual que Genovese, y había perdido a varios de sus aliados clave, algunos por muerte y otros por deportación, en especial al subjefe Willie Moretti. También estaba siendo activamente investigado por fraude de ingresos en ese momento. Dada su inestable posición, Genovese vio una oportunidad.

En mayo de 1957, Genovese envió a Vincent Gigante, un hombre al que volveremos más tarde, a matar a Costello. Le dispararon en la cabeza, pero la puntería de Gigante fue mala y el objetivo sobrevivió con una herida superficial. Al mismo tiempo, Genovese y su facción se preparaban para la guerra, sabiendo muy bien que el atentado contra Costello podría causar una reacción masiva. Pero la respuesta fue sorprendentemente tranquila. En vez de empezar una nueva guerra de mafias, Costello decidió retirarse discretamente. Entregó las riendas a Genovese, que por fin se había convertido en el jefe de la Familia Criminal Luciano, antes la Familia Morello, antes la Mafia de la Calle 107.

Alrededor del mismo tiempo, Genovese había estado activo en una trama separada. Albert Anastasia era el actual Jefe de la Familia Mangano y era amigo desde hace mucho tiempo tanto de Luciano como de Costello. Es probable que Genovese comenzara a conspirar contra Anastasia en un intento de debilitar aún más a Costello y su red de alianzas. Uno de los hombres de Anastasia, Carlo Gambino, era un gánster respetado y amigo de Genovese. Esto presentaba una oportunidad, y la propuesta de Genovese era simple: Matar a Anastasia y que el amigable Gambino tomara el poder. Los dos estuvieron de acuerdo, y en otoño de 1957, Anastasia fue asesinado a tiros en una barbería, dejando a Gambino como claro sucesor.

Las cosas se veían muy bien para Genovese en 1957. Ahora era el jefe de la que posiblemente fuera la familia mafiosa más poderosa del país, y contaba con un estrecho aliado que trabajaba a su lado como jefe de su propia familia. Parecía que las dos quintas partes de la estructura mafiosa de Nueva York trabajaban ahora en tándem, con las Familias Luciano y Mangano encabezadas por dos gánsteres ambiciosos y despiadados que acabarían dando su nombre a sus respectivas Familias. Sin duda, Genovese tenía por delante unos años muy provechosos, pero, aunque su posición como jefe duraría más de una década, su tiempo como hombre libre pronto expiraría.

Finalmente Atrapado

Una vez que Genovese se hizo con el control de la Familia Luciano, trató de consolidar su poder. Lo primero que hizo fue afirmar públicamente (ante el submundo de la Mafia) su dominio, al igual que Luciano había hecho años antes en La Habana. Para ello, Genovese convocó una reunión de figuras nacionales de la Mafia, y el jefe de Pennsylvania, Joe Barbara, fue el encargado de organizarla. La reunión tuvo lugar en noviembre de 1957 en la casa de Barbara en la ciudad neoyorquina de Apalachin. Había varios asuntos urgentes que discutir oficialmente, pero el motivo de Genovese estaba bastante claro. Por desgracia para Genovese, en lugar de afianzar su control sobre la mafia americana, la reunión de Apalachin empañó su respetabilidad. Barbara se esforzó mucho por evitar que la información sobre la reunión se filtrara a las fuerzas del orden antes de que tuviera lugar. Tuvo éxito en gran medida, pero se cometió un error fatal. Uno de los cheques utilizados para reservar una habitación de motel para uno de los numerosos gánsteres que volaban a Nueva York era falso. Los propietarios llamaron a la policía, que por casualidad descubrió que la conocida mafiosa Barbara había reservado varias habitaciones para hombres anónimos. La historia dada a los propietarios era que los huéspedes volaban para asistir a una convención. La policía empezó a sospechar tras inspeccionar el supuesto local y apenas encontrar actividad. Así que, la policía decidió inspeccionar la casa de Barbara, y lo que encontraron fue una reunión clandestina de los criminales más poderosos de Norteamérica.

Sorprendentemente, no se produjeron detenciones después de que la policía disolviera la reunión y atrapara a varios de los pandilleros que huían. Casi ninguno de ellos había traído armas consigo, y los que lo hicieron tenían permisos. Ninguno tenía orden de detención en ese momento, y todos tenían preparada su coartada: Habían organizado una visita para su amiga enferma, Barbara. La policía dejó en libertad a todos los hombres, pero los líderes de la mafia no estaban nada contentos. Temían que otra exposición de la Mafia en el punto de mira nacional atrajera aún más la atención no deseada de las fuerzas del orden. Tenían razón de estar enojados con Genovese: El incidente de Apalachin causó una avalancha de titulares en los medios de comunicación y abrió la ventana para más investigaciones policiales.

Las cosas no tardarían en empeorar para Genovese. En 1958 fue detenido por tráfico de drogas. En aquella época, las fuerzas del orden perseguían agresivamente la distribución de drogas en el país. Además, tanto las audiencias Kefauver como la disputa matrimonial de Vito y Anna habían insinuado el hecho de que la Mafia, y Genovese en particular, estaban involucrados en el tráfico de drogas. En algún momento anterior al arresto, Genovese y algunos de sus hombres se vieron envueltos en una trama de narcóticos, que las fuerzas del orden ya sabían que estaba teniendo lugar o descubrieron poco después. Supuestamente, Carlo Gambino fue el cerebro de la trama, junto con Tommy Lucchese como socio. Supuestamente, Gambino aprovechó su amistad con Genovese para eliminar definitivamente al Don Napolitano.

La teoría del complot ha sido muy debatida, pero si es cierta, es probable que Gambino y compañía la aprobaran por dos razones: Gambino intentaba introducirse en el territorio de Genovese, y muchos en aquella época creían que Genovese debía ser castigado por su papel en el incidente de Apalachin. Sea como fuere, Genovese fue finalmente condenado por un cargo sólido y recibió una sentencia de 15 años en 1959. Hay varias preguntas sin respuesta en torno a la condena de Genovese. A saber, el hecho de que la fiscalía alegara que el jefe estaba *personalmente* implicado en el intercambio de drogas. Francamente, esto hubiera sido increíblemente improbable. Los jefes de la mafia se toman muchas molestias para aislarse de los crímenes, y no hay razón para que el juicio contra él haya sido tan fácil como lo fue. Si es cierto que hubo una conspiración, es casi seguro que los testigos llamados a declarar fueron pagados para hacerlo. Sin embargo, todo esto importó poco a Genovese, que ahora estaba en prisión, donde permanecería hasta su muerte en 1969.

CAPÍTULO 5
EL CAMINO HACIA LA LEY RICO

Después de que Vito Genovese fuera encerrado, seguiría siendo el Jefe titular de la Familia Genovese durante aproximadamente una década. Sin embargo, en su ausencia, los altos cargos de la Familia formaron un *consejo*, o una especie de junta, para tomar decisiones en nombre de Genovese y dirigir las operaciones diarias de la organización. El primero de estos consejos estaba formado por el actual jefe en funciones, Tommy Eboli, su subjefe, Gerardo Catena, y Philip Lombardo, también conocido como "Benny Squint", un apodo que se ganó por sus gruesas gafas y su supuesta pésima visión. La Familia continuó operando de esta manera durante la década de 1960, pero en 1970 el mundo de la Mafia se vería irremediablemente sacudido por la aprobación de la Ley de Organizaciones Corruptas e Influenciadas por la Mafia, también conocida como RICO (que quiere decir Ley de Organizaciones Corruptas e Influenciadas por Extorsión). Este capítulo detallará la historia de la Ley RICO, así como las luchas de la Mafia estadounidense por adaptarse a un mundo cada vez más hostil.

Las audiencias Valachi y el Fin de la *Omerta*

En 1959, el mafioso Joe Valachi fue enviado a prisión junto con Genovese, cumpliendo ambos 15 años de condena. Ambos acabaron en la misma prisión de Atlanta, donde al parecer fueron compañeros de litera durante un tiempo. Al principio se llevaban bien y se cuidaban mutuamente. Pero cada día que pasaba en prisión, Valachi se volvía más paranoico. Creía que Genovese estaba empezando a ponerse en su contra y sospechaba que otros prisioneros intentaban persuadir al jefe para que se deshiciera de Valachi. Además, Valachi informó más tarde de que Genovese había hablado con él en varias ocasiones sobre la necesidad de eliminar a las ratas de la mafia. La paranoia del mafioso le convenció de que se trataba de amenazas codificadas, y que Genovese se refería a Valachi como la rata que necesitaba ser eliminada. Esto llegó a un punto culminante en 1962, cuando Valachi mató a golpes a un compañero de prisión, sospechando que era un sicario enviado por Genovese.

Enfrentándose ahora a cargos de asesinato además de narcóticos, Valachi se enfrentó a la posibilidad de pasar el resto de su vida en prisión. Un aterrorizado Valachi decidió que su mejor opción era ofrecer su total cooperación con el gobierno. La prisión con Genovese simplemente no era segura. En octubre de 1963, Valachi entregó un testimonio al Senado que cambiaría la cultura de la Mafia para siempre. Él detalló la historia de la Mafia, sus propias operaciones del día a día como soldado, la estructura de la Familia, los crímenes, e incluso nombró a ciertos gánsteres prominentes.

Por primera vez en la historia de Estados Unidos, un "Hombre Hecho" reconoció oficialmente la existencia de la Mafia estadounidense a personas ajenas a ella, en un registro público. Nombró a las cinco familias y a sus jefes. Ni siquiera el medio loco Willie Moretti se lo dijo a los tribunales. Incluso detalló los esotéricos rituales de inducción, quizá el aspecto más misterioso de la cultura mafiosa. Estas audiencias provocaron un intenso escrutinio sobre la Mafia estadounidense, y *Cosa Nostra* se había convertido en un término famoso casi de la noche a la mañana. Por fin, la Mafia no era un secreto. En muchos sentidos, 1963 fue el fin de la *omerta*.

El comité Kefauver fueron los trapos empapados de aceite, y las audiencias Valachi fueron la chispa. La era posterior a Valachi fue testigo de un fuerte aumento de los esfuerzos de diversos funcionarios del gobierno por tomar medidas enérgicas contra el crimen organizado, y renovó la imagen de la Mafia en la conciencia pública. Las viejas formas de vivir en la sombra ya no funcionaban, y el crimen organizado tuvo que adaptarse. Criminales y policías estaban en una carrera armamentística, y la ley RICO se vislumbraba en el horizonte.

Los Cruzados

Hubo muchas personas importantes implicadas en la tarea de destruir a la Mafia, muchas de las cuales ya las hemos nombrado. Sin embargo, en el momento de la reunión de Apalachin, estaban surgiendo cruzados en algunos de los niveles más altos del gobierno. Entre ellos estaba el famoso y durante mucho tiempo Director del FBI: J. Edgar Hoover. Había sido Director desde la creación del FBI en 1935 hasta su muerte en 1972. Fue una carrera monumental, pero no exenta de controversias. Durante aproximadamente las tres primeras décadas, Hoover no había hecho ningún progreso digno de mención en la actividad de la Mafia e insistía en que el crimen organizado no era motivo de preocupación.

Pero, ¿por qué? Hay dos indicios. Varias fuentes han afirmado que la Mafia había estado chantajeando a Hoover durante décadas con imágenes, supuestamente obtenidas por Costello y Lansky, que mostraban a Hoover comportándose de forma muy sugerente con otro varón, su ayudante Clyde Tolson. También es muy probable que Hoover no quisiera tomar medidas enérgicas porque él mismo estaba involucrado con la Mafia. Se sabe que Hoover era un jugador habitual y le gustaba apostar en las carreras. Se ha afirmado que Hoover recibía información sobre partidas amañadas por parte de oficiales de la Mafia, un regalo por mirar hacia otro lado.

Sea como fuere, Hoover evitó a los gánsteres la persecución federal durante décadas. Esto cambiaría con el desastre de Apalachin de 1957 y las audiencias de Valachi de 1963. Tras estos sucesos, el FBI recibió duras críticas por su actitud permisiva. Ya no era políticamente defendible que Hoover ignorara a la Mafia, y ahora, el crimen organizado tendría que enfrentarse a toda la fuerza de los investigadores nacionales a partir de la década de 1960.

En 1961, Robert Kennedy fue nombrado Fiscal General de Estados Unidos. Tras las Audiencias Kefauver, Kennedy estaba indignado por el poder del crimen organizado. Sus objetivos como Fiscal General estaban claros para todos: Destruir a la Mafia y eliminar su influencia en los sindicatos, concretamente en los Teamsters. Su trabajo previo incluía numerosas investigaciones sobre el presidente de los Teamsters, Jimmy Hoffa, que había enredado completamente a su sindicato con la Mafia. Después de Valachi, la determinación de Kennedy se endureció y permaneció inquebrantable hasta que la tragedia golpeó a su familia aproximadamente un mes después. Su hermano, el presidente John Kennedy, fue asesinado en una caravana en Dallas. Mientras él y la nación lloraban, su cruzada pasó a un segundo plano, pero no tardaría en continuar su puritana investigación antes de su propio asesinato en 1968.

Debido a la implicación con la Mafia, las conspiraciones se arremolinan en torno a los asesinatos de Kennedy hasta el día de hoy. Muchos creen que el Presidente fue asesinado por orden de la Mafia para enviar un mensaje a Robert de que su cruzada no era bienvenida. Incluso hay rumores de que el asesinato de Robert fue un golpe de la Mafia. Si estas conspiraciones son ciertas, serían absolutamente las acciones más audaces llevadas a cabo en la historia de la Mafia. Aunque hay precedentes de la participación de la Mafia en asesinatos de muy alto nivel (varios mafiosos habían sido reclutados por el gobierno de EE.UU. a raíz de la Revolución Cubana para intentar asesinar al nuevo Presidente Fidel Castro), aunque hay muy poca información que apoye esta teoría.

Aunque la Mafia no llevara a cabo acciones tan drásticas, no cabe duda de que tanto Hoover como Kennedy se habían convertido en serios problemas para el crimen organizado. La misión que Thomas Dewey había vigorizado en los años 30 y 40 estaba siendo llevada a cabo en la segunda mitad del siglo XX por una nueva y mejor equipada generación de agentes. Aunque Kennedy moriría antes de que su trabajo culminara con la ley RICO, sus esfuerzos tendrían consecuencias devastadoras para las Familias en las décadas de 1970 y 1980, cuando otro nuevo cruzado, el abogado Rudolf Giuliani, entró en escena.

La Era de los "Jefes de Fachada"

Con la intensificación de la amenaza de las investigaciones del FBI y con nuevas figuras de alto perfil librando campañas públicas contra ellos, la Mafia se vio obligada a adaptarse o morir. El sistema que la Familia Genovese había desarrollado durante décadas para aislar a las figuras de alto nivel de la persecución judicial tuvo que perfeccionarse, pues ya estaba claro que el sistema no era totalmente hermético. La solución aparente era hacer lo que mejor sabían hacer: El engaño. Se desarrolló el sistema de "Jefes de fachada".

Era sencillo: Un miembro seleccionado de la Familia actuaría como el jefe. Se comportaría como el jefe, los subordinados le tratarían como tal y sería la imagen de la Familia. La intención obvia era sembrar la confusión y despistar a los investigadores y despistarlos de Philip Lombardo, el hombre que se haría cargo de la Familia después de que Genovese muriera en prisión en 1969. Eboli, que probablemente se hubiera convertido en jefe de no ser por su mala salud, ejerció como primer jefe de fachada hasta su asesinato tres años más tarde.

A finales de la década de 1960, Eboli pidió un préstamo a la Familia Gambino para financiar nuevos negocios. Después de que su operación fuera sofocada por las fuerzas del orden, Eboli se mostró claramente incapaz de devolver la deuda, lo que enfureció a Carlo Gambino. El asunto se llevó a la Comisión y, tras deliberar, se autorizó el asesinato de Eboli. En julio de 1972, el jefe del frente fue asesinado en un tiroteo. Carmine Zeccardi sustituyó brevemente a Lombardo antes de su desaparición.

El *capo* de la Familia Genovese Frank Tieri fue el siguiente. Se rumorea que Gambino lo planeó, ya que deseaba que el diplomático y amistoso Tieri estuviera a cargo de los (a veces) rivales Genoveses. De ser cierto, incluso las otras familias neoyorquinas fueron engañadas: era Lombardo, y no Tieri, quien mandaba. Con este sistema de testaferros, el FBI había estado siguiendo pistas falsas durante casi 20 años seguidos. Y funciono: Lombardo, el primer jefe de los Genovese protegido por testaferros, se libró de ser procesado durante su mandato y se retiró pacíficamente en 1981. Seis años más tarde murió en libertad. Los propios testaferros no fueron tan afortunados en la era de la ley RICO.

Vincent Gigante, del que hablaremos más adelante, renovó aún más el sistema de testaferros cuando se convirtió en el jefe de los Genoveses. Recibirían más responsabilidades y más calor atraído. El siempre paranoico Gigante necesitaba no sólo hombres que fueran jefes sobre el papel, sino hombres que literalmente tuvieran que salir a la calle y hacer su trabajo por él. Como se discutirá, el miedo de Gigante a salir de su casa interferiría seriamente con la estructura y la cadena de mando de la Familia Genovese.

La Ley RICO

En 1970, la Ley de Organizaciones Corruptas e Influenciadas por Extorsión, también conocida como RICO, se convirtió en ley tras ser redactada por Robert Blakey y el senador John McClellan. Este último fue el mismo que supervisó las audiencias de Valachi. El objetivo principal de la ley RICO era dar un golpe mortal a la mafia estadounidense atacando una de sus herramientas más valiosas: Sus activos. A menudo, cuando las principales figuras de la Mafia corrían el riesgo de ser condenadas, sus activos se liquidaban para eliminar la posibilidad de que los fiscales se incautaran de algo de valor. A veces se transferían a manos más seguras, y también se canalizaban hacia el fondo de defensa de su equipo legal para asegurarse un grupo de abogados fiables y experimentados que lucharan en su nombre. A veces también se utilizaba dinero en efectivo para financiar los golpes a testigos clave, asegurando que el equipo de la acusación tuviera poca corroboración.

En virtud de la ley RICO, los fiscales podían embargar temporalmente todos los bienes y el dinero en efectivo de la Mafia que se creyera que habían sido adquiridos a través del crimen organizado. Esto era posible incluso antes de que comenzara el juicio, lo que garantizaba que los mafiosos no pudieran reunir el dinero para contratos abiertos de asesinatos, permitirse abogados o esconder su dinero y sus bienes en lugares más seguros fuera del alcance de la ley. Esto fue decisivo para la aplicación de la ley, ya que la imposibilidad de pagar un equipo legal obligó a muchos gánsteres en las décadas siguientes a declararse culpables o a aceptar acuerdos de negociación.

Para los que se enfrentaban a posibles cargos RICO, las penas eran duras. Las personas acusadas de cometer dos o más delitos de crimen organizado en un periodo de 10 años al servicio de una empresa criminal global podrían enfrentarse a elevadas multas y 20 años de prisión por cada cargo. En el caso de la Mafia, la "empresa" se refería obviamente a la unidad organizada de la familia mafiosa. Dado que, a estas alturas, el gobierno y la opinión pública estadounidense ya conocían en gran medida la existencia de la Mafia, la asociación de los delincuentes con las Familias mafiosas no era una tarea difícil. El número de delitos incluidos en la lista de cargos aplicables por crimen organizado era grande y, al cabo de algún tiempo, la ley RICO demostró ser muy eficaz. Después de sólo dos años, la mayoría de los estados de EE.UU. adoptaron sus propias leyes RICO a nivel estatal para inhibir aún más la delincuencia interestatal.

Al cabo de nueve años, se celebró el primer juicio RICO. Curiosamente, no se entabló contra ningún miembro de la mafia estadounidense, sino contra una banda de ladrones de California y Nevada. Al parecer, se habían comportado de una forma que los tribunales consideraron lo suficientemente cercana a la delincuencia organizada. Durante muchos años después de la aprobación de la ley RICO, los estratos superiores de la jerarquía mafiosa permanecerían relativamente intactos. Pero a partir de la década de 1980, los fiscales federales empezaron a perseguir a la Familia Genovese.

CAPÍTULO 6
VINCENT "EL MENTÓN" GIGANTE Y LA DÉCADA DE 1980

La década de 1980 fue una época de agitación, incertidumbre y paranoia para la Familia Genovese y la Mafia en general. La ley RICO ya había demostrado su eficacia en la década de 1970, pero la verdadera prueba sería capturar a los jefes de la Mafia. Aun así, nada parecía impedir que la maquinaria de la Mafia siguiera funcionando, y la Familia Genovese esperaba nuevas oportunidades y, potencialmente, más libertad para los altos mandos, siempre y cuando se mantuviera el engaño del jefe de fachada. En este capítulo se detallará la Familia Genovese en la década de 1980, así como el ascenso de Vincent Gigante, un antiguo matón.

Expansión

Uno de los primeros pasos importantes de los Genoveses en la década de 1980 fue intentar expandirse. Cuatro años antes, Atlantic City había legalizado el juego y los casinos. Atlantic City no era muy atractiva en aquel momento, pero la Familia Bruno, con sede en Filadelfia, aprovechó la oportunidad. Nico Scarfo, hombre de Bruno, fue enviado allí para dirigir las operaciones de juego en nombre de la Familia. Scarfo no tardó en hacerse un nombre, y después de que su empresa fuera contratada para construir varios casinos, aumentó enormemente su poder gracias a su participación en los casinos. Era el gran hombre de Atlantic City.

Mientras tanto, Antonio Caponigro, *consigliere* del jefe Angelo Bruno, conspiraba. Creía que había llegado la hora de Bruno y deseaba dirigir él mismo la poderosa Familia Filadelfia. Caponigro se puso en contacto con la Familia Genovese en Nueva York, queriendo llegar a un acuerdo con el actual (testaferro) jefe Frank Tieri. Algunas fuentes afirman lo contrario: Tieri atrajo a Caponigro a la trama. En cualquier caso, el acuerdo llegó a buen puerto: Caponigro se sintió seguro en su decisión de eliminar a Bruno, al parecer porque Tieri le aseguró que recibiría el apoyo de la Comisión de la Mafia. Sin embargo, Tieri tenía otros planes y nunca tuvo intención de informar a la Comisión de los planes ni de apoyar a Caponigro en las secuelas. En marzo de 1980, Bruno fue abatido a tiros frente a su casa de Filadelfia.

No está del todo claro cómo supo la Comisión que Caponigro estaba detrás de la trama. En cualquier caso, fue llamado a dar explicaciones. En la reunión, se alegó que Tieri negó cualquier conocimiento del plan y apoyó la decisión de condenar al *consigliere* de Pennsylvania. La Comisión dictaminó que se trataba de un atentado contra un jefe protegido. El cadáver de Caponigro fue descubierto al mes siguiente.

La muerte de dos de los miembros de mayor rango de la Familia Bruno provocó una sangrienta lucha por el poder en Filadelfia. La Familia Genovese, encabezada por el dúo Lombardo/Tieri, apoyó a Nico Scarfo, el gran señor del juego de Atlantic City que pretendía reclamar el poder de sus ya fallecidos superiores en Filadelfia. Al final, Scarfo triunfó, marcando el comienzo de una nueva era para la Familia Bruno. A cambio de su apoyo, los Genoveses recibieron la bendición de Scarfo para operar en la industria del juego de Atlantic City, sobre la que mantenía un férreo control.

La intromisión de los Genovese en los asuntos de Familias distantes tuvo éxito, pero mientras se desarrollaba el asunto de Filadelfia, llegaron los problemas para la Familia. Frank Tieri habia sido llevado a los tribunales por cargos de crimen organizado como parte de una empresa criminal en curso. En ese momento, Tieri estaba enfermo y débil, y sus abogados lo utilizaron a su favor, intentando aprovechar su estado para conseguir una sentencia menor. Los tribunales no cayeron en la trampa y Tieri fue condenado a principios de 1981, convirtiéndose en el primer jefe mafioso de la historia en ser condenado por un cargo de la ley RICO, iniciando una era de temor para el crimen organizado. Resulta que Tieri no había estado fingiendo su enfermedad: Apenas dos meses después de ser enviado a prisión, el jefe del frente sucumbió a sus dolencias y murió en cautiverio.

Tras la marcha de Tieri, el nuevo jefe designado fue Tony Salerno. Este no fue el único cambio en la Familia: Philip Lombardo, el hombre que dirigía la Familia desde detrás del telón, decidió retirarse, dejando al fracasado asesino de Costello, Vincent Gigante, a cargo de la Familia.

Vincent "El Mentón" Gigante

Vincent Gigante era un hombre bruto, de aspecto sombrío y figura imponente, que había adquirido el apodo de "El Mentón" por su rasgo facial bastante grande. Tras haber sido boxeador en la década de 1940, Gigante comenzó su carrera en la Mafia como matón y aprendiz de Vito Genovese. Era tan sólo un adolescente cuando se unió a la mafia, y acumuló numerosos antecedentes penales antes de cumplir los 26 años. Sin embargo, al igual que su mentor, Genovese, Gigante evitó en gran medida la cárcel. Tras afianzarse como uno de los hombres más importantes de la familia Genovese, Gigante se dedicó al chantaje sindical, a los préstamos abusivos y a las apuestas. También fue un hombre de confianza de Genovese y llevó a cabo golpes de alto nivel, como el atentado contra la vida del jefe Frank Costello.

Aunque el atentado contra Frank Costello ordenado por Genovese sería un fracaso monumental, Gigante siguió siendo un miembro de confianza de la Familia durante décadas. Gigante se libraría de la condena por intento de asesinato debido a la adhesión de Costello a la *omerta*, pero no tendría tanta suerte en 1959, durante el mismo juicio que condenó a Genovese hasta su muerte. Gigante, sin embargo, sólo cumpliría cinco años y, de hecho, sería ascendido tras su puesta en libertad. En 1969 volvió a ser acusado de soborno, pero se retiraron los cargos cuando su equipo legal señaló su mala salud mental como factor atenuante. La idea de que Gigante era mentalmente inestable se convertiría en un tema recurrente para el resto de su vida, independientemente de si realmente estaba enfermo o no.

Cuando Gigante tomó las riendas de Philip Lombardo, la Familia Genovese ya no era la organización criminal más poderosa de Nueva York. Los Gambino, a menudo enfrentados con los Geneveses, habían creado una poderosa Familia rival, y pronto estarían encabezados por uno de los gánsteres más famosos de la historia: John Gotti. Gotti había ordenado el asesinato del anterior jefe de los Gambino, Paul Castellano, que había sido amigo de Gigante. Para complicar aún más las cosas, el asesinato de Castellano no había sido autorizado por la Comisión de la Mafia. Gotti se hizo con el poder y el golpe inició una tensa rivalidad entre los dos jefes que llegaría a su punto álgido en 1986, pocos meses después del asesinato no autorizado de Castellano.

Hubo algunos momentos clave que afectaron enormemente a la capacidad de Gigante para gobernar la Familia en esta nueva era. El primero se había producido incluso antes de que tomara el poder. En 1981, el gobierno había condenado a su primer Jefe de la Mafia bajo la ley RICO: Frank Tieri. Gigante, que ya era un hombre extraño, se volvió paranoico al pensar en la acusación. A lo largo de la década de 1980 se produjeron varias acusaciones importantes en el marco de la ley RICO, entre ellas la del amigo de Gigante, el líder de los Gambino Paul Castellano, en 1984. Estas acusaciones no harían sino reforzar su psicosis. Entonces, en la primavera de 1992, el propio John Gotti fue condenado por la ley RICO tras su arresto dos años antes. Gotti recibió una noticia aterradora: se le condenaba a cadena perpetua por sus crímenes.

Gigante no dejaba de temer ser el siguiente, y tomó medidas drásticas e inusuales para garantizar su seguridad. Francamente, se convirtió en un ermitaño. Temeroso de que le siguieran o le espiaran, apenas salía de casa. Cuando tenía que hacerlo, se aseguraba de que la casa nunca estuviera desocupada, temiendo que los agentes federales se colaran para colocar escuchas telefónicas u otros dispositivos de espionaje. Era conocido por susurrar cuando hablaba con la gente para evitar que su voz fuera captada por posibles micrófonos ocultos, y sólo hacía llamadas telefónicas como último recurso. Al parecer, incluso golpeaba o soplaba en el teléfono antes de hablar para molestar y disuadir a los posibles fisgones. Los hombres de Genovese tenían que recurrir a gestos con las manos o a criptónimos para referirse a Gigante: tenían instrucciones de no pronunciar nunca su nombre.

Gigante estaba completamente paranoico, producto de las circunstancias de la época y de la candente luz a la que los fiscales federales habían sometido a la Mafia. Sin embargo, las cosas empeorarían para Gigante y el resto de la Mafia a mediados de la década. El crimen organizado se enfrentaba a una nueva investigación de gran envergadura, que afectaría al más alto nivel del crimen organizado estadounidense: La Comisión de la Mafia. Al frente de las acusaciones de 1985 estaba un nuevo y prometedor cruzado antimafia llamado Rudolph Giuliani.

Rudy Giuliani y los Juicios contra la Mafia

Antes del Juicio de la Comisión de la Mafia, que le convertiría en una prominente figura nacional, Giuliani ya tenía un historial impresionante. Más o menos al mismo tiempo que se graduaba en la Facultad de Derecho de Manhattan, Giuliani se involucró más en la política. La primera campaña en la que participó fue la presidencial de 1968 de Robert Kennedy, que fue la principal cruzada antidisturbios de la época. Más tarde trabajaría en la administración de Gerald Ford y a principios de los ochenta se convirtió en fiscal general adjunto de Ronald Reagan. En 1983 se convirtió en fiscal federal del distrito sur de Nueva York, donde persiguió personalmente a delincuentes y acumuló una extensa lista de condenas. Giuliani se había centrado anteriormente en la persecución de la corrupción dentro del propio gobierno estadounidense, pero a principios de la década de 1980 puso su punto de mira en el submundo del crimen organizado de Nueva York.

Con el objetivo expreso de destruir los imperios que la Mafia había construido en su ciudad durante décadas, Giuliani se puso a trabajar en un conjunto de acusaciones que llegaría a conocerse como el Juicio de la Comisión de la Mafia, celebrado entre 1985 y 1986. A principios de la década, la unidad especial contra el crimen organizado de Nueva York había tenido conocimiento de la Comisión de la Mafia y de su funcionamiento interno a través de vigilancias y escuchas telefónicas. Esto supuso una magnífica oportunidad para los fiscales. Antes, los tribunales podían utilizar la ley RICO para atacar la estructura vertical de una determinada familia del crimen (por ejemplo, vinculando a un jefe de la Familia Bonanno con los crímenes de un soldado de la Familia Bonanno, etc.), pero ahora podían procesar horizontalmente a toda la cúpula de la Mafia conectándolos a todos dentro de la entidad criminal en curso de La Comisión, de la que todos formaban parte. La posibilidad de que la cúpula de la Mafia fuera destruida de un solo golpe estaba ahora sobre la mesa. Vincent Gigante tenía razón en estar paranoico.

El juicio de la Comisión comenzó en febrero de 1985 y no terminaría hasta finales de 1986. Casi una docena de figuras mafiosas de las Familias de Nueva York recibieron acusaciones que iban desde corrupción sindical hasta planes de asesinato y magnicidio. Todos se declararon inocentes, y todos menos dos fueron condenados. Los dos únicos que escaparon a sus condenas fueron el jefe y el subjefe de los Gambino, Paul Castellano y Aniello Dellacroce. Pero no eran precisamente hombres libres; Castellano había sido asesinado antes de enfrentarse a la condena, y Dellacroce murió a causa de su cáncer. El jefe de los Bonanno, Phil Rastelli, otro de los acusados, fue condenado en otro juicio. Los otros ocho acusados supervivientes recibieron condenas de 100 años en una prisión federal, con la única excepción de uno de los *capos* de Rastelli, que sólo recibió 40 años.

Las condenas provocaron la destrucción de varias de las estructuras de liderazgo de las Familias de Nueva York. Las Familias Lucchese y Colombo se vieron especialmente afectadas, ya que la primera perdió a los tres miembros de más alto rango de su cúpula, incluido el jefe Tony Corallo. Aunque el número de condenas a cadena perpetua impuestas a jefes de alto rango reivindicó la psicosis de Vincent Gigante, éste no fue uno de los acusados en el juicio. Porque, por supuesto, no era el jefe oficial de la Familia. Era en cambio Tony Salerno, el jefe de fachada, quien sería enviado a prisión por el resto de su vida.

En lo que concierne a Giuliani, el acababa de mandar a la cabeza de la Familia Genovese a prisión por un siglo. Pero él, al igual que los fiscales del gobierno durante una década y media antes que él, se había dejado engañar por la estrategia del testaferro. El verdadero líder estaba a salvo, operando la Familia desde su aislamiento autoimpuesto. Pero, a pesar de los grandes esfuerzos que Gigante hizo para desaparecer y esconderse del FBI, el plan que le salvó del juicio de la Comisión pronto quedaría al descubierto, y con él, la identidad del verdadero jefe.

En marzo de 1986, el hombre de Genovese, Vincent Cafaro, fue acusado. Iba a ser encarcelado por su papel en la organización del chantaje sindical, pero antes de enfrentarse al juicio, tomó una medida drástica para evitar la prisión. Drástica, pero a estas alturas, común. Se puso en contacto con los fiscales federales y ofreció sus servicios como testigo contra la Mafia. Era el último de una larga lista de mafiosos convertidos en testigos, una lista que había crecido exponencialmente desde el testimonio de Joe Valachi. Cafaro proporcionó al gobierno información sobre la estructura de la Familia y los detalles de su actividad delictiva. Incluso grabó en secreto reuniones entre altos funcionarios de la Familia. Y lo que es más importante, reveló que cuando los fiscales encerraron al jefe de la Familia Genovese durante 100 años, se equivocaron de persona. Salerno se reveló como un simple jefe testaferro de Vincent "El Mentón" Gigante, un gánster conocido por su comportamiento errático y su historial de aparentes enfermedades mentales. La estrategia del testaferro quedaba así al descubierto, probablemente para vergüenza del FBI, que fue informado por Salerno de que habían sido engañados desde 1969, casi dos décadas.

La Caída de Gigante

Aunque Gigante era ahora un claro objetivo del FBI, no se enfrentaría a las consecuencias hasta la década de 1990. Al menos desde finales de la década de 1970, la Familia se había dedicado a monopolizar los contratos de instalación de ventanas en la ciudad de Nueva York. Que las empresas instaladoras cuyos sindicatos estaban controlados por los Genoveses obtuvieran la mayoría de los contratos era un claro beneficio para la Familia, que recibía los pagos en función del trabajo sindical. Esta tarea implicaba manipular el sistema establecido para adjudicar los contratos a las distintas empresas: Licitación de precios. Como era de esperar, los precios de los contratos subieron drásticamente como resultado de la infestación mafiosa en el control de las licitaciones.

En mayo de 1990, el encerrado Gigante fue finalmente acusado por su papel y liderazgo en esta operación de chantaje sindical. En la era de la ley RICO, es probable que Gigante fuera a recibir una dura condena. Esto le habría preocupado especialmente después de que Rudolph Giuliani condenara a cadena perpetua a un gran número de sus colegas unos pocos años antes. Gigante y su equipo legal decidieron utilizar una táctica que había resultado útil en el pasado del Jefe. Alegaron demencia y afirmaron que el mafioso no se encontraba en el estado mental adecuado para conducirse en un juicio penal. Lo que necesitaba era ayuda psicológica, no la cárcel. Esta era una imagen que Gigante había mantenido durante algún tiempo y, para acallar cualquier duda, acudió a su comparecencia "con su habitual atuendo de calle: Pijama y bata" (Raab, 2005). Su aspecto era desaliñado y algo confundido.

Aunque no se descarta que Gigante tuviera realmente problemas mentales, la opinión generalizada es que todo fue un truco. La idea de que los mafiosos aleguen demencia para evitar la cárcel se convirtió en una especie de cliché después de este espectáculo, al que incluso se hizo referencia en la serie de HBO *Los Soprano*, cuando el anciano jefe de la Familia se enfrentó a sus propios cargos penales. Independientemente de si los problemas de salud mental de Gigante eran auténticos, la acusación de 1990 quedaría atascada durante años sobre si Gigante podía o no ser llevado legalmente ante un tribunal. Sin embargo, no importaba mucho, ya que tendría que enfrentarse a más problemas antes de que se llegara a una resolución.

En 1992, el actual *capo di tutti capi* John Gotti, jefe de los poderosos Gambinos, fue condenado tras verse implicado en varios cargos de asesinato. Esta condena de alto nivel puso a Gigante aún más al límite, porque con la desaparición de Gotti, ahora estaba al mando de la que posiblemente era la organización criminal más influyente de Nueva York. Era un gran objetivo. En el verano del año siguiente, Gigante recibió una nueva serie de acusaciones, esta vez por su implicación en asesinatos e intentos de asesinato. Uno de los cargos que se le imputaban era el de haber ordenado el atentado fallido contra Gotti a finales de los ochenta, como represalia por la muerte de Castellano. Por si sirve de algo, este fue al menos el segundo golpe fallido de Gigante.

El equipo legal de Gigante consiguió numerosos testimonios que corroboraban la historia de la incapacidad mental del *capo*, aunque todo eso sería en vano. A principios de los noventa, el antiguo subjefe de los Gambino, Sam Gravano, cambió de bando y se convirtió en testigo del gobierno. Unos cinco años después fue llamado a la vista de Gigante en 1996 para ayudar a desmitificar el estado mental del jefe. Por desgracia para Gigante, Gravano dijo a los fiscales exactamente lo que querían oír. Según él, Gigante era un hombre perfectamente cuerdo y racional, y lo había sido durante años. Por supuesto, si no lo estuviera nunca habría sido capaz de organizar y dirigir una de las mayores empresas criminales del país. Junto con el esquema del testaferro, la locura era simplemente otra herramienta para ocultar al paranoico Gigante de las miradas y oídos indiscretos del FBI y los fiscales federales. Esto fue suficiente para convencer a los tribunales de que estaba en condiciones de ser juzgado. Otro testigo clave para el gobierno fue Peter Savino, un mafioso en quien Gigante había confiado, algo poco habitual en un hombre afectado por la paranoia. En el invierno de 1997, Vincent "El Mentón" Gigante fue condenado a 12 años de prisión. Aunque posiblemente se trataba de una cadena perpetua para Gigante, que envejecía y estaba enfermo, el jefe salió sorprendentemente airoso.

Gigante se unía así a una larga lista de infames jefes genoveses encarcelados. A pesar de su condena, Gigante seguiría siendo el jefe titular de los Genoveses durante el siglo XXI. Pero la persecución del crimen organizado italoamericano, que ya había causado daños irreparables a las estructuras y la organización de la Mafia, seguiría amenazando a las cinco familias del crimen de Nueva York. El año 2000 fue el comienzo de otra nueva década de investigaciones federales, que daría lugar a un trastorno considerable en el seno de la Familia que Gigante había dirigido desde la cárcel. Este será el tema central del próximo capítulo.

CAPÍTULO 7
LA MAFIA EN EL NUEVO MILENIO

La condena de Gigante no fue, desde luego, el último golpe que los federales asestaron a los Genoveses. Desde finales de la década de 1990 hasta el nuevo milenio, parecía que la antes escurridiza Familia se enfrentaba a una interminable avalancha de acusaciones y condenas. Al final, los Genoveses quedaron lastimados y confusos, teniendo que recomponerse tras la ruptura de su estructura de liderazgo. A pesar de todo, los Genoveses persistieron y siguen operando hoy en día.

El Mentón en Prisión

La Mafia, y la Familia Genovese en particular, tienen un historial de jefes encarcelados. Por lo general, los corredores visitaban al jefe encarcelado y transmitían información, órdenes y recomendaciones al jefe en funciones o, en algunos casos, a un panel o consejo gobernante. Vito Genovese y Lucky Luciano lo habían hecho. En décadas anteriores, era una tarea relativamente sencilla para una Familia seguir operando bajo las órdenes de un hombre que estaba encarcelado. Las prisiones eran más indulgentes con el crimen organizado y, por lo general, era fácil sobornar a las personas adecuadas para conseguir un margen de maniobra. Quizá recuerdes la escena de la película *Buenos Muchachos*, de Martin Scorsese, en la que Henry Hill y compañía son enviados a prisión, donde vivían como reyes, disfrutando de su tiempo y esperando pacientemente su puesta en libertad. Se trata de una dramatización, pero no del todo alejada de la realidad.

Quizá Gigante fue simplemente una víctima de su época. Se convirtió en Jefe durante una época de intensa hostilidad hacia la Mafia, y era aún peor cuando fue enviado a prisión. Así que, seguir dirigiendo la Familia entre rejas resultó ser un reto para Gigante a finales de los 90 y principios de los 2000. Los gánsteres encarcelados estaban sometidos a una estricta vigilancia en sus interacciones con extraños—por lo que para muchos no era factible enviar mensajes. Gigante, sin embargo, se las arregló para mantener el contacto con la Familia a través de Andrew Gigante, su hijo. Esto duró por lo menos unos cinco años, hasta que la estructura de mando genovesa sufrió otro duro golpe. Muchos de los capitanes de Gigante habían sido encarcelados o asesinados, y algunos de los veteranos de confianza sufrían problemas de salud. Con el jefe incomunicado y con la pérdida de sus hombres de confianza en el exterior, la Familia Genovese estaba en crisis.

En 2002, Gigante se enfrentó a otra acusación por acciones delictivas *mientras estaba en prisión*. Se le unió en su acusación su hijo, Andrew—el gobierno había descubierto que Gigante seguía dirigiendo a los Genoveses desde dentro de la prisión. Otra farsa de Gigante quedaba al descubierto, y él era el responsable de que su propio hijo se enfrentara ahora a décadas de cárcel. Como las cosas pintaban muy mal para el jefe, decidió admitir que era culpable.

Dijo a los fiscales gran parte de lo que querían oír sobre sus delitos para llegar a un acuerdo.

Aunque durante mucho tiempo se había aceptado que los mafiosos eran propensos a volcarse a favor del gobierno cuando se enfrentaban a una condena, el hecho de que un jefe de una Familia cooperara con el gobierno supuso una conmoción brutal. Ni siquiera Salerno, el jefe del frente Genovese, que fue enviado a prisión de por vida para mantener fuera a Gigante, rompió la *omerta*. Es probable que Gigante, al perder el acceso a la Familia que había dirigido desde 1981, sintiera que ya no tenía nada que perder. En su favor, sin embargo, está el hecho de que parte del acuerdo que alcanzó con el gobierno consistía en mantener a su hijo, que también había estado implicado en la Familia, fuera de prisión. Andrew fue condenado, pero su sentencia fue una fracción de lo que habría sido sin la declaración de Gigante.

Antes del juicio, Gigante había descubierto las pruebas que la acusación pretendía presentar al tribunal: Grabaciones de cinta. El audio de estas cintas mostraba a un Vincent Gigante totalmente capaz de hablar y pensar con lucidez. Ahora, la fiscalía no tenía que depender de testigos mafiosos. Ahora, tenían la fría, dura y contundente prueba. En su celda de la cárcel durante los años que le quedaban de vida, y tras declararse culpable para asegurarse clemencia con su familia, Gigante, por fin, abandonó su actuación. El mundo sabía ahora que su extraño comportamiento era un truco elaborado durante años, y Gigante se mostró tranquilo, sereno y confiado en prisión tras quitarse la careta. En el invierno de 2005, a la edad de 77 años, Vincent Gigante murió mientras estaba encarcelado en un centro médico de la prisión.

La Represión Final

Durante la mayor parte del periodo que Gigante estuvo en prisión, Matty Ianniello actuó como jefe en funciones. Entre las dos condenas de Gigante, la Familia estaba debilitada y se prestaba a ser explotada. Mike D'Urso, un socio de la Familia, pronto se convirtió en testigo. Al mismo tiempo, un agente encubierto se infiltró en una de las bandas de *capos*. Los esfuerzos de los dos topos acabaron por condenar a varios capitanes genoveses y a docenas de miembros y asociados de bajo nivel. Ahora, no sólo se había desbaratado la estructura de liderazgo de la Familia, sino que se había encerrado a muchos de los soldados rasos que constituían el músculo de la organización. Quizás el más destacado de los delitos de los que se les acusó fue el intento de desviar millones de dólares de una cooperativa de crédito del periódico *New York Times*.

Durante un tiempo, Ianniello había controlado una red de prostitución en Nueva York y se había visto envuelto en extorsiones a un sindicato de conductores de autobuses. Pero, cerca de la muerte de Gigante, el tiempo de Ianniello también llegaría a su fin. En un periodo de 11 meses, entre 2005 y 2006, Ianniello fue acusado dos veces, una en Nueva York y otra en Connecticut. La acusación de Connecticut se refería a su implicación en la extorsión de contratos de recolección de basura, un mercado que se había convertido en un elemento básico de la Mafia en las grandes ciudades. Dado que la salud del jefe en funciones era precaria, se le trató con ligereza en los tribunales. Se declaró culpable de ambos delitos a nivel estatal y cumplió dos años en una prisión federal de Carolina del Norte, antes de morir en su residencia de Nueva York en el verano de 2012.

Tras la muerte de Gigante (el jefe oficial) y la abdicación de Ianniello después de su imputación, Daniel Leo (su verdadero apellido podría ser Leonetti), un antiguo capitán, se convirtió en jefe. Parecía que la Familia Genovese volvía a aglutinarse en torno a una sólida estructura de liderazgo, aunque en realidad ya no contaba con una figura central formidable con verdadera longevidad o notoriedad. Leo no tardó en ser condenado por usura, junto con otros hombres de la familia Genovese. Acabaría cumpliendo solo cinco años, pero tras ser liberado en 2013, es probable que su puesto como jefe ya estuviera ocupado. Sin embargo, esto no está del todo claro. En 2010, por los mismos cargos a los que se enfrentaba Daniel Leo, también fue condenado el sobrino y principal capitán del *capo*, Joe Leo. Joe había ayudado a Daniel a dirigir sus redes de juego y préstamos en Nueva York.

Durante la mayor parte del periodo de encarcelamiento de Gigante, Matty Ianniello actuó como jefe en funciones. Entre las dos condenas de Gigante, la Familia estaba debilitada y se prestaba a ser explotada. Mike D'Urso, un socio de la Familia, pronto se convirtió en testigo. Al mismo tiempo, un agente encubierto se infiltró en una de las bandas de capos. Los esfuerzos de los dos topos acabaron por condenar a varios capitanes genoveses y a docenas de miembros y asociados de bajo nivel. Ahora, no sólo se había desbaratado la estructura de liderazgo de la Familia, sino que se había encerrado a muchos de los soldados rasos que constituían el músculo de la organización. Quizás el más destacado de los delitos de los que se les acusó fue el intento de desviar millones de dólares de una cooperativa de crédito del periódico New York Times.

Durante un tiempo, Ianniello había controlado una red de prostitución en Nueva York y se había visto envuelto en extorsiones a un sindicato de conductores de autobuses. Pero, más o menos en la época de la muerte de Gigante, el tiempo de Ianniello también llegaría a su fin. En un periodo de 11 meses, entre 2005 y 2006, Ianniello fue acusado dos veces, una en Nueva York y otra en Connecticut. La acusación de Connecticut se refería a su implicación en la extorsión de contratos de recogida de basuras, un mercado que se había convertido en un elemento básico de la Mafia en las grandes ciudades. Dado que la salud del jefe en funciones era precaria, se le trató con ligereza en los tribunales. Se declaró culpable de ambos delitos a nivel estatal y cumplió dos años en una prisión federal de Carolina del Norte, antes de morir en su residencia de Nueva York en el verano de 2012.

Tras la muerte de Gigante (el jefe oficial) y la abdicación de Ianniello después de su imputación, Daniel Leo (su verdadero apellido podría ser Leonetti), un antiguo capitán, se convirtió en jefe. Parecía que la Familia Genovese volvía a aglutinarse en torno a una sólida estructura de liderazgo, aunque en realidad ya no contaba con una figura central formidable con verdadera longevidad o notoriedad. Leo no tardó en ser condenado por usura, junto con otros hombres de la familia Genovese. Acabaría cumpliendo solo cinco años, pero tras ser liberado en 2013, es probable que su puesto como jefe ya estuviera ocupado. Sin embargo, esto no está del todo claro. En 2010, por los mismos cargos a los que se enfrentaba Daniel Leo, también fue condenado el sobrino y principal capitán del capo, Joe Leo. Joe había ayudado a Daniel a dirigir sus redes de juego y préstamos en Nueva York.

No existen registros de gran parte de la historia de Leo. Se sabe que en algún momento fue miembro de la "Banda Púrpura" de East Harlem, una colaboración relativamente informal de traficantes de drogas y matones. Durante gran parte de su historia, la banda sólo estuvo vagamente afiliada a estructuras mafiosas, pero con el tiempo desarrolló estrechos vínculos con los Genoveses, especialmente bajo el reinado de "El Mentón" Gigante. El ascenso de Leo fue bastante meteórico, pasando de ser un asociado no afiliado a *capo* y, finalmente, a jefe de toda la organización. Independientemente de su historia, se puede afirmar con seguridad que tanto Daniel Leo como Joe Leo son esencialmente no-factores en la tradición de la Mafia. Esto se tratará más adelante.

Llegados a este punto, estaba claro que nadie en la estructura de la Mafia estaba ni remotamente a salvo. Todos, desde los no miembros de bajo nivel hasta los jefes, estaban siendo procesados. En esta época, las filas de la Familia Criminal Genovese se vieron completamente reducidas y, desde entonces, su posición como poderosa familia mafiosa ha estado en entredicho. En lo que respecta a la delincuencia organizada italoamericana, es cierto que siguen teniendo influencia. Sin embargo, en la actualidad la Mafia es apenas una sombra de lo que fue, una organización que aparentemente no se adhiere a los viejos principios de la *omerta* y que está dispuesta a dar la vuelta a la tortilla cuando se enfrenta a una pena de prisión. Quizás fue Lucky Luciano, el hombre conocido por haber americanizado por completo la Mafia italoamericana y haber hecho menos hincapié en el tradicionalismo, y quien puso en marcha esta tendencia. Tal vez fuera simplemente la presión ejercida sobre ellos por unas fuerzas del orden más capaces y dispuestas. Sea cual sea la causa, la Mafia estadounidense de hoy simplemente no es la sensación ilustre y global que había sido en décadas anteriores.

La Familia Genovese Hoy en Día

En la actualidad, la Familia Genovese sigue siendo, quizás debido al legado y las prácticas de Vincent Gigante, la más secreta y misteriosa de las familias del crimen estadounidenses. Gran parte de su estructura actual desde finales de la década de 2000 y principios de 2010 no está clara en general, y se entiende que los Genoveses han tomado medidas para tratar de mantener tanto la relevancia como el anonimato. Durante el reinado de Gigante, se hizo necesario reformar el esquema de los jefes del frente. Gigante necesitaba a alguien que le sustituyera físicamente en sus tareas mafiosas mientras él se escondía en su casa. Estos individuos pasarían a conocerse como "jefes callejeros", los que mantendrían los oídos bien abiertos mientras el jefe permanecía alejado de miradas indiscretas.

La represión del crimen organizado, durante la década de 1990 y principios de la de 2000, continuó en los últimos años. La implicación de la Mafia en la recolección de basura, entre otras cosas, volvería a perseguirles una vez más. El año 2013 vio otra gran colección de asociados y ejecutores de Genovese acusados de crimen organizado en la industria de los residuos. Muchos simplemente cooperaron con los fiscales, como se había convertido en la norma en ese momento. La *omerta* en esta época no era tanto una norma como un antiguo legado de tiempos más nobles. Más tarde, grandes grupos serían arrestados y acusados, notablemente en una gran investigación de usura de la policía de Nueva York en el otoño de 2017.

Basándose en el registro de condenas tanto de alto como de bajo nivel, además de la notable ausencia de algo siquiera parecido a un *capo di tutti capi*, la estructura de la Familia Genovese parecía irremediablemente desarticulada. Los jefes ya no inspiraban el respeto de las masas como lo hicieron sus predecesores desde 1920 hasta 1980, y desde luego no eran celebridades. Una explicación parece probable: Después de que el gobierno federal desatara un infierno sobre la Mafia, yendo directamente a por la garganta de los líderes durante las décadas de 1980 y 1990, muchos de los mafiosos de la "vieja escuela", para los que la *omerta* aún tenía algún significado, aunque fuera sentimental o nostálgico, fueron extirpados quirúrgicamente del cuerpo del crimen organizado. La consecuencia fue que muchos de los puestos de más alto rango quedaron vacantes en un periodo de tiempo relativamente corto. Una embestida de esa magnitud no tenía precedentes, y las filas de la Familia no estaban preparadas. Esto significó que muchos subalternos de la Mafia tuvieron que apresurarse para ocupar estos puestos vitales, y fueron ascendidos mucho antes de lo que las tradiciones de la Mafia habrían dictado normalmente. Las personas que ahora ocupaban los puestos de capitán, subjefe y jefe no estaban tan experimentadas como sus predecesores. Habiéndose curtido en la "nueva escuela", con sus posibles mentores entre rejas, parece como si muchos de estos mafiosos considerasen que ser detenidos y convertirse en testigos era un hecho.

La paranoia parecía ser la característica dominante de los altos mandos de la Mafia. Resulta que los episodios erráticos de Vincent Gigante marcarían la pauta para el futuro de la Familia Genovese. Tanto los puestos de mando como los de base de la Mafia resultaban menos atractivos que nunca para los posibles criminales, por lo que se produjo una crisis en el número de miembros. El resultado fue una relajación de los requisitos tradicionales para ser miembro de la Mafia. Recordemos los primeros años de la Familia Genovese, los años de Luciano y Masseria y la Guerra de Castellammarese. En esta época, el tradicionalismo basado en la herencia seguía teniendo su peso, a pesar de la disposición de Luciano a trabajar con no italianos. Para convertirse en Hecho, los socios de la Familia debían poseer una herencia italiana *completa* (a veces, específicamente siciliana, aunque Vito Genovese era una excepción obvia). Con el tiempo esto se fue degradando, y sólo se necesitaba el linaje del padre para ser validado. Hoy en día, dada la escasez de "aspirantes" a gánster, se cree que basta con que uno de los dos progenitores sea parcialmente de ascendencia italiana para justificar el ingreso en las filas de la Familia. La búsqueda de relevancia ha llegado a la desesperación.

La Mafia también es ahora menos abierta que nunca. Atrás han quedado los días en los que se podía ver a los mafiosos merodeando por los negocios locales al aire libre, charlando y bromeando con otros gánsteres respetados en las esquinas. Los llamados chicos listos viven su vida en la sombra, y cualquier forma de notoriedad es motivo de preocupación. Los golpes ordenados por la Mafia, que antaño eran un elemento básico de las luchas de poder internas y externas, son ahora poco frecuentes. Con las modernas técnicas forenses y los perfiles de ADN, las familias mafiosas tienen menos libertad que nunca para eliminar a sus rivales sin importarles las repercusiones legales. La devoción por el secreto estricto parece ser una de las pocas cosas que atan a la Familia Genovese a su existencia continuada. Se cree que la identidad del verdadero jefe, el que lleva la voz cantante, se mantiene en secreto salvo para los hombres de alto rango de Hecho Genovese. Aunque dista mucho de ser seguro, se especula con que un hombre llamado Liborio Bellomo ejerce actualmente como, al menos, jefe callejero de los Genoveses.

Este cambio cultural dentro de la Mafia estadounidense fue amplio. El atractivo de unirse a las bandas mafiosas se había visto seriamente empañado. A muchos les parecía que la acusación era inevitable, lo que disuadía a los posibles socios. El número de miembros de la Familia disminuía y, además, el puesto de jefe era cada vez menos atractivo. En décadas anteriores, el título de jefe era algo por lo que cometer asesinatos. Era algo por lo que valía la pena maquinar y conspirar. Era codiciado. Hoy en día, es probable que no se vea más que como una carga y una fuente de paranoia. Los jefes no reciben el respeto del que gozaban líderes legendarios como Morello, Luciano y Vito Genovese, y no se podía confiar en que los Hombres Hechos guardaran silencio. Según el famoso Museo de la Mafia de Las Vegas, Vincent Gigante fue el último de la era de los jefes "famosos". Ianniello y Leo nunca llegarían a ser nombres conocidos, ni tampoco los sucesores. Algunas de las primeras palabras que Tony pronuncia en *Los Soprano* reflejan el sentimiento general de los jefes de la mafia actual: "Es bueno estar en algo desde la base. Llegué demasiado tarde para eso, lo sé. Pero últimamente tengo la sensación de que llegué al final. Lo mejor ya pasó."

CONCLUSIÓN

En agosto de 2022, una popular cafetería de Long Island saltó a los titulares del *New York Times*. Resulta que llevaba casi 10 años funcionando como fachada de una red de juego ilegal dirigida por las familias Genovese y Bonanno. La cafetería era sólo una más de una serie de empresas fachadas descubiertas tras años de investigación por parte de las fuerzas de seguridad tanto federales como neoyorquinas. La operación había contado con la colaboración de un veterano detective de la policía de Nueva York con 15 años de experiencia, que supuestamente realizaba redadas en locales de juego rivales a petición de los líderes de las Familias Genovese y Bonanno a cambio de sobornos.

Nueve mafiosos de ambas familias fueron acusados, y el detective fue suspendido sin sueldo en virtud de una estricta política de tolerancia cero hacia la implicación policial en el crimen organizado. Carmelo Polito, presunto *capo* actual de los Genovese, también ha sido acusado de gestionar sitios web de apuestas ilegales y de amenazar con el asesinato a una persona que se había endeudado con Polito por sus pérdidas en las apuestas. Todos han sido acusados de asociación ilícita como parte de una organización criminal en marcha. Los otros frentes investigados incluían un taller de reparación de calzado y un club de fútbol de Queens, en todos los cuales se descubrió que albergaban zonas secretas para el juego.

Sin embargo, se calcula que sólo la cafetería ingresaba unos 10.000 dólares semanales.

¿Qué puede decirnos esta historia, que sólo tiene un par de meses en el momento de escribir estas líneas, sobre el estado actual de la Mafia? Obviamente, las Cinco Familias siguen vivas y coleando. Siguen siendo un factor del crimen organizado estadounidense, especialmente en el epicentro de la ciudad de Nueva York. La historia también deja claro que, a pesar del intenso calor que el crimen organizado ha recibido desde la década de 1980, todavía hay mucho dinero que hacer en el lado equivocado de la ley: Casi medio millón de dólares de ingresos estimados en una sola operación de juego no es nada despreciable. Está claro que operar como un mafioso sigue teniendo sus incentivos.

También podemos ver que las fuerzas del orden federales y estatales no se han dormido en los laureles desde que sus demandas RICO debilitaron a los más famosos líderes tradicionales de la Mafia en décadas anteriores. Las agencias siguen dispuestas a dedicar años de trabajo y enormes cantidades de dinero a financiar investigaciones sobre la actividad criminal de la Mafia. Además, podemos ver que sigue habiendo incentivos para que la policía se corrompa bajo la influencia de los mafiosos. Esto, por supuesto, siempre ha sido así, pero algo en el castigo del detective nos da una pista de cómo han cambiado las cosas. Normalmente, el castigo instantáneo por las malas acciones de los agentes de policía es poco frecuente. Más rara aún es la retención del sueldo de los agentes que han sido suspendidos. En este caso, el estado de Nueva York envió un mensaje claro a todos los agentes de las fuerzas del orden dispuestos a vender sus servicios a grupos delictivos. Nada de esto debería sorprender—la ciudad de Nueva York ha sido testigo de los efectos de una delincuencia organizada sin límites y de una corrupción policial desenfrenada al servicio de esos delitos. El hecho de que los organismos federales y estatales mantengan una postura de línea dura hacia la Mafia, incluso en 2022, no augura nada bueno para el futuro de esta subcultura siciliana-estadounidense que debutó en Estados Unidos hace ya más de un siglo.

Sin embargo, una cosa debe quedar clara al concluir este libro: La Mafia es intrínsecamente oportunista, reservada y terriblemente persistente. Después de todo este tiempo y décadas de persecución, es poco probable que la Mafia desaparezca pronto. Lo que es más probable es que las Cinco Familias y sus afiliados sigan operando en las sombras, al margen de la sociedad, lejos del protagonismo del que gozaron en el pasado célebres jefes como Genovese y Luciano. La Mafia, como la mayoría de las organizaciones, debe considerarse un ente orgánico y vivo. Se adapta o muere y, a lo largo de su historia, la Mafia ha demostrado una gran capacidad de adaptación y transformación.

La Familia Genovese, organización fundada por el mafioso siciliano Giuseppe Morello y bautizada con el nombre del napolitano Vito Genovese, sigue siendo hoy una de las organizaciones criminales más poderosas y esotéricas de Estados Unidos. Desde sus inicios en la década de 1890, pasando por los tumultuosos años de guerra de la década de 1910, la prohibición y la sangrienta guerra de las décadas de 1920 y 1930, la consolidación de las décadas de 1940 y 1950, la traición interna de la década de 1960 y la intensa persecución de las décadas de 1980 y 1990, los Genoveses han resistido un temporal increíble. Las cruzadas lideradas por Thomas

Dewey, Orange Dickie, Robert Kennedy, J. Edgar Hoover y Rudy Giuliani, entre otros, han dado inmensos pasos para incapacitar a las organizaciones criminales, pero a la luz de noticias tan recientes, debemos ser francos: todas fueron un fracaso.

Aunque muchos crean ahora que la Mafia sólo existe como vestigio de días más salvajes y sin ley, sólo para ser redescubierta en películas nostálgicas como *El Padrino, Buenos Muchachos o Donnie Brasco*, una parte significativa de la delincuencia en Norteamérica sigue estando monopolizada por *La Cosa Nostra*. Dado que la existencia de la Mafia tardó décadas en hacerse pública, quizá sea algo que nunca desaparecerá, aunque nos hayamos convencido de ello. Tal vez siga siendo un factor del crimen organizado para siempre. Quizás lo que se necesita, antes de que suene el toque de difuntos final de la Mafia, es otro joven y ambicioso cruzado.

REFERENCIAS

Catanzaro, R. (1986). La Mafia. *Las Políticas Italianas,* (1), 87-101. https://www.jstor.org/stable/43039574

Catino, M. (2014). ¿Cómo se organizan las mafias? *Revista Europea de Sociología, 55*(2), 177–220. https://doi.org/10.1017/s0003975614000095

Closson, T. (16 de agosto de 2022). Dos de los clanes mafiosos más antiguos de Nueva York acusados de lavado de dinero. *The New York Times*. https://www.nytimes.com/2022/08/16/nyregion/new-york-mob-families-racketeering-charges.html

Cohen, S. (8 de marzo de 2009). Un circo familiar de la mafia. *New York Post*. https://nypost.com/2009/03/08/its-a-mob-family-circus/

DeStefano, A. M. (2021). *El Don mortal: Vito Genovese, jefe de la mafia.* Citadel Press.

Finckenauer, J. O. (2012). *La mafia y el crimen organizado.* Simon y Schuster.

El antiguo jefe en funciones de la familia criminal Genovese, condenado en un tribunal federal de Manhattan a 18 meses más de prisión. (2010). Fiscal del Distrito Sur de Nueva York.

https://www.justice.gov/archive/usao/nys/pressreleases/March10/leodanielsentencingpr.pdf

Gosch, M. A., & Hammer, R. (2013). *El último testamento de Lucky Luciano: La historia de la mafia en sus propias palabras.* Enigma Books.

Jacobs, J. B., & Gouldin, L. P. (1999). Cosa Nostra: ¿El capítulo final? *Crimen y Justicia, 25,* 129–189. https://doi.org/10.1086/449288

Jacobs, J. B., & Peters, E. (2003). El crimen organizado laboral: La mafia y los sindicatos. *Crimen y Justicia, 30,* 229–282. https://www.jstor.org/stable/1147700

Registros del asesinato de JFK - Hallazgos. (15 de agosto de 2016). Archivos Nacionales. https://www.archives.gov/research/jfk/select-committee-report/part-1c.html

Miller, W. (Ed.). (2022). *Vito Genovese.* Sage. https://sk-sagepub-com.ledproxy2.uwindsor.ca/reference/socialhistory-crime-punishment/n267.xml

Muller, M. (28 de julio de 2005). *Los miembros de la familia Genovese acusados - 28 de julio de 2005.* www.cnn.com; CNN. https://www.cnn.com/2005/LAW/07/28/mafia.racketeering/index.html

Powell, H. (2015). *Lucky Luciano: el hombre que organizó el crimen en Estados Unidos.* Barricade Books Inc.

Ley de Organizaciones Corruptas e Influenciadas por la Mafia (RICO). (10 de octubre de 2011). www.nolo.com; Nolo.

https://www.nolo.com/legal-encyclopedia/content/rico-act.html

Rubinsky, C. (9 de mayo de 2007). *Reputado jefe de la mafia condenado en un caso de basura.* www.washingtonpost.com. https://www.washingtonpost.com/wp-dyn/content/article/2006/06/09/AR2006060900500.html

Raab, S. (2005). *Cinco familias: El auge, el declive y el resurgimiento de los imperios mafiosos más poderosos de los Estados Unidos.* St. Martin's Press.

Schellie, P. D. (1985). Ley de Organizaciones Corruptas e Influenciadas por la Mafia. *El Abogado de los Negocios, 40,* (3), 1133-1137. https://www.jstor.org/stable/40686656

El Museo de la Mafia. https://themobmuseum.org

www.ingramcontent.com/pod-product-compliance
Lightning Source LLC
Chambersburg PA
CBHW052059110526
44591CB00013B/2279